WASSERMANN

WASSERMANN
20. Januar – 18. Februar

Die besten Heilsteine für Ihr Sternzeichen

SANDY SITRON

Laurence King Verlag

INHALT

KRISTALLE, ASTROLOGIE UND DER MENSCH

SO IST DER WASSERMANN

DER WASSERMANN IM JAHRESLAUF

MONDENERGIE UND BEWEGUNG DES MERKURS

DIE STERNE,
DIE STEINE
UND SIE

DIE STERNE, DIE STEINE UND SIE

Die Sterne über Ihnen und die Steine unter Ihren Füßen sind Teil des Weltgefüges, das von der Astrologie aus einer kosmischen Perspektive betrachtet wird. Heilsteine, meist Kristalle, strahlen die heilende Energie der Erde ab. Sie können als Wegweiser im Leben dienen und Sie für Ihre eigenen Schwingungen sensibilisieren. So beginnen Sie, darüber nachzudenken, wer Sie sind, und sich besser auf Ihre Individualität einzustimmen. Geburtssteine und andere Kristalle können verwendet werden, um die Energie Ihres astrologischen Geburtshoroskops spürbar und nutzbar zu machen.

Machen Sie sich die Kraft der Kristalle und des Kosmos zunutze, um eine tiefere Verbindung zu sich selbst herzustellen und ein selbstbewusstes, kraftvolles, energiegeladenes Leben zu führen.

Die Astrologie ist die uralte Lehre von den wechselnden Positionen und der Energie der Himmelskörper sowie deren Auswirkungen auf unser Leben auf der Erde. Die einzigartige kosmische Umgebung, mit der Sie sich zum Zeitpunkt Ihres ersten Atemzuges synchronisiert haben, gibt Ihnen Aufschluss über Ihre Persönlichkeitsmerkmale, Ihre besonderen Stärken, Ihr Wachstumspotenzial, Ihre emotionale Basis und vieles mehr. All das ist interpretierbar. Wenn Sie Ihr schwingungsfähiges Selbst besser verstehen, fällt es Ihnen leichter, fundierte Entscheidungen über die großen und kleinen Dinge in Ihrem Leben zu treffen. Sie können

bewusst eine Lebensperspektive entwickeln, und Ihr Geist wird geöffnet.

Heilsteine pulsieren mit dem Atem der Erde. Sie wirken auf einer energetischen Ebene und senden Schwingungen in die Welt hinaus. Sie sind natürliche Verstärker von positiver Energie und bringen disharmonische Energien ins Gleichgewicht. Jeder Heilstein hat seinen eigenen energetischen Bauplan, darum können verschiedene Substanzen das menschliche Energiefeld auf unterschiedliche Weise beeinflussen. Wenn Sie die Erkenntnisse der Astrologie mit der Heilkraft der Kristalle kombinieren, können Sie sich in bestimmten Lebensbereichen besser zurechtfinden und Ihre persönliche Transformation und Ihr spirituelles Wachstum während des astrologischen Jahres immer weiter verbessern.

Kristalle und die Konstellationen der Gestirne senden Signale, wir müssen nur lernen, sie zu empfangen. Dieses Buch präsentiert eine gezielte Auswahl von Kristallen, die Sie unterstützen, die einzigartige Energie Ihres Sternzeichens zu verstärken oder auszugleichen. Sie werden Einblicke in Ihr Leben gewinnen, Ihr Potenzial besser nutzen und lernen, harmonisch mit der Energie zu leben, die Sie umgibt.

Wenn Sie in den Nachthimmel blicken und einen Heilstein sanft in der Hand halten, fühlen Sie sich inspiriert, zu entschleunigen, nur im Hier und Jetzt präsent zu sein und sich auf eine überaus gewinnbringende Reise der Selbstentdeckung zu begeben.

INDIVIDUELLE
EMPFEHLUNGEN

SELBSTENTDECKUNG MIT
STERNEN UND HEILSTEINEN

Selbstverständlich gelten nicht alle Empfehlungen gleichermaßen für alle Menschen. Ratschläge, die für eine Person perfekt passen, können für eine andere nutzlos sein. Unabhängig davon, wo der Wassermann in Ihrer persönlichen Astrologie steht, wird dieses Buch Ihnen helfen, Ihre Wassermann-Natur besser zu verstehen, und es wird Ihnen spezifische Heilsteine für Ihr Zeichen und für jede astrologische Jahreszeit geben. Sie können diese perfekt auf den Wassermann zugeschnittenen Heilsteine nutzen, um Selbstvertrauen aufzubauen, Kreativität zu wecken, sich präsenter zu fühlen, Beziehungen zu harmonisieren, Liebe anzuziehen, alle Ihre Emotionen anzunehmen, Freundschaften zu pflegen, Fülle zu schaffen, Ihre Gesundheit und Ihr Wohlbefinden zu optimieren, Ihre natürlichen Gaben zu verstärken und insgesamt Ihr Gleichgewicht zu finden.

Wenn Sie verstehen, wie die Energien von Sternen und Heilsteinen sich auf Ihr Leben auswirken, können Sie tief in Ihre Wassermann-Energie eintauchen und lernen, wie Sie Kristalle einsetzen können, um Ihre durch den Wassermann angelegten Stärken zu nutzen, unabhängig davon, ob Wassermann Ihr Sonnen- oder Mondzeichen oder Ihr Aszendent ist. Sie werden entdecken, welche Kristalle für den Wassermann in Belangen wie Liebe, Freundschaft, Geld, Arbeit und Gesundheit förderlich sind und ihm helfen, sein volles Potenzial auszuschöpfen und seine Ziele zu erreichen.

Da in jeder astrologischen Jahreszeit eine andere Art von Energie schlummert, wird dieses Buch Sie durch das Jahr führen und Ihnen zeigen, wie Kristalle Ihnen helfen können, Ihre einzigartige Wassermann-Energie unter jedem Zeichen zu bündeln. So werden Sie lernen, mit Leichtigkeit durch die Jahreszeiten und die Zyklen der Natur zu navigieren. Sie werden entdecken, wie Kristalle Ihnen helfen können, das Auf und Ab des 29-tägigen Mondzyklus anzunehmen, zu umarmen, wie Sie mit dem rückläufigen Merkur umgehen und sogar wie Sie Ihre Woche planen können.

Dieses Buch ist Teil einer Serie, die jedes der zwölf Tierkreiszeichen mit spezifischen Kristallen in Verbindung bringt. Wenn Sie Ihre Entdeckungsreise vertiefen möchten, sollten Sie auch die Bände lesen, die sich mit anderen markanten Zeichen in Ihrem Geburtshoroskop beschäftigen.

DIE
STEINE

Edelsteine entstehen meist tief unter der Erdoberfläche durch das Zusammenwirken von mineralreichem Wasser, Hitze und Druck. In den unterirdischen »Kristallgärten« bilden Milliarden von Atomen streng geordnete, dreidimensional sich wiederholende Muster, aus denen einzigartige Kristalle entstehen. Und in jedem sind die Schwingungen der irdischen, physischen Realität enthalten.

Seit Jahrtausenden sind die Menschen auf der ganzen Welt von Kristallen fasziniert. Schillernde Schmuckstücke beflügeln die Vorstellungskraft seit über 30 000 Jahren. In der Demokratischen Republik Kongo wurden kleine, mit Quarz verzierte Werkzeuge gefunden, die bereits um 33 000 v. Chr. entstanden waren. Die Sumerer in Mesopotamien (dem heutigen Irak) verwendeten Kristalle im 4. Jahrhundert v. Chr. für Rituale und mystische Praktiken. Kristalle waren Schmuck, Statussymbol und Währung. Sie wurden in Religion, Heilkunde, Magie und in jüngerer Zeit auch für die Technologie verwendet, beispielsweise in frühen Radios. Die heutigen Computer, LC-Bildschirme und einige Batterien basieren auf der (Flüssig-) Kristalltechnologie.

Good Vibrations   Menschen aus verschiedensten Kulturen und Generationen haben Kristalle auch für die Lebensführung genutzt. Es scheint, dass es für jede Facette der irdischen Erfahrung eine Kristallschwingung gibt, die den Menschen auf seinem Weg weiterbringt. Kristalle können helfen, Ruhe zu finden und Stress abzubauen, sie können Kraft und Zuversicht schenken, sie können aber auch Konzentration und Klarheit fördern, wenn eine wichtige Entscheidung zu fällen ist. Es wird angenommen, dass Kristalle die Energie aufnehmen, die Sie loslassen wollen, und die Energie freisetzen, die Sie aufzunehmen versuchen.

Wenn Sie sich zum Beispiel träge und lustlos fühlen, kann die hohe Energie- und Antriebsschwingung des Karneols motivierend und aktivierend wirken. Wenn Sie überhitzt oder gestresst sind, kann der Rosenquarz Ihnen helfen, zur Ruhe zu kommen und zu entspannen. Die Wahl des richtigen Kristalls, der mit Ihrer Energie resoniert oder auf sie reagiert, kann Ihre Stimmung oder Ihre Einstellung nachhaltig beeinflussen.

KRISTALLE
KAUFEN

Im zweiten Teil dieses Buches lernen Sie eine Auswahl von Kristallen kennen, die energetisch auf Ihre individuelle Astrologie abgestimmt sind. Wenn Sie sich diese Steine anschaffen möchten, sollten Sie sie verantwortungsbewusst wählen.

Nachhaltigkeit und Ethik   Wie kam der Kristall, den Sie in der Hand halten, zu Ihnen? Diese Frage ist für das Wohlergehen der Erde und der Menschheit von großer Bedeutung.

Kristalle werden oft unter fragwürdigen Bedingungen gefördert. Achten Sie beim Kauf eines Kristalls darauf, dass seine Reise von der Mine bis zu Ihnen direkt und nachvollziehbar ist. Informieren Sie sich, ob im Förderbetrieb Aspekte wie Ethik, Nachhaltigkeit und Sicherheit berücksichtigt werden. Finden Sie heraus, ob die Edelsteinschleiferei den dort arbeitenden Menschen wirksamen Gesundheitsschutz bietet und einen existenzsichernden Lohn zahlt. Am besten ist es, Edelsteine von Verkäufern zu beziehen, die nur Steine aus nachhaltiger Förderung und Bearbeitung anbieten und dies nachweisen können.

Größe, Bearbeitung und Preis
Wenn Sie sich die Kraft eines Kristalls für den persönlichen Gebrauch zunutze machen möchten, spielt die Größe des Steins keine Rolle. Wenn Sie einen Kristall in der Hand halten oder ihn nahe am Körper tragen, befindet sich seine Schwingung in Ihrem Energiefeld und wirkt, unabhängig von seiner Größe.

Ein Rohstein ist ein Stein, der unbehandelt ist. In Bezug auf seine Heilkraft ist er ebenso wirksam wie ein geschliffener oder polierter Kristall. Sie können beim Kauf also bedenkenlos einen Stein auswählen, den Sie ansprechend finden, unabhängig von seiner Größe oder der Bearbeitung.

Die in diesem Buch ausgewählten Steine sind zu relativ moderaten Preisen im Fachhandel zu bekommen. Auch Steine, die vordergründig teuer und luxuriös erscheinen mögen, sind in verschiedenen Preisklassen erhältlich.

HEILSTEINE
FÜR ALLE FÄLLE

Im Folgenden finden Sie Kristallempfehlungen für
Ihr spezielles Sternzeichen. Zunächst möchte ich
jedoch einige Kristalle vorstellen, die jede Sammlung
sinnvoll ergänzen und jedem Menschen zu jeder Zeit
wertvolle Unterstützung schenken können.

ERDUNG
UND SCHUTZ

Rauchquarz Erdung ist die Grundlage jeglicher spiritueller Arbeit, denn in unserem hektischen Alltag entfernen wir uns zu oft von uns selbst. Wir verbringen zu viel Zeit am Handy und zu wenig Zeit in der Natur, wir essen zu viel Zucker … – die Liste lässt sich verlängern. Wenn Sie bei Ihrem nächsten Meeting darüber nachdenken, wo Ihre Schlüssel sind oder was als Nächstes auf Ihrer To-do-Liste steht, brauchen Sie dringend Erdung. Sobald Sie sich geerdet fühlen, können Sie auch in Ihren Beziehungen präsent sein und sich auf Ihre körperlichen Bedürfnisse einstellen. Hierbei kann der Rauchquarz helfen. Er zentriert und schenkt emotionale Klarheit. Er kann helfen, eine Situation aus einer pragmatischeren Perspektive zu betrachten. Auf einer eher mystischen Ebene hilft der Rauchquarz, Ihr System vor energetischen Belastungen zu schützen. Er ist ein hervorragender Schutzstein, und schon wenn man ihn in der Hand hält, kann man sich stabiler fühlen.

REINIGUNG
DER ENERGIE

Selenit Wir alle duschen oder baden regelmäßig, aber wir sollten auch unser Energiesystem reinigen. Eine energetische Reinigung kann helfen, Ihre Emotionen ins Gleichgewicht zu bringen und Ihren Geist zu klären. Reinigen Sie Ihre Energie nach einem anstrengenden Arbeitstag, nach intensiven sozialen Kontakten oder nach dem Aufenthalt in einer Menschenmenge. Oder setzen Sie Selenit ein, um sich nach einem schwierigen Gespräch von emotional belastenden Rückständen zu befreien. Eine energetische Reinigung wird auch in Umbruchphasen empfohlen, beispielsweise nach einer Trennung oder etwa einem Umzug. Verwenden Sie Selenit mit der Absicht, Ihr Energiefeld zu reinigen und sich von allem zu befreien, was Sie beschwert. Stellen Sie sich vor, dass Selenit durch Ihren gesamten Körper strahlt und Sie wunderbar reinigt und klärt.

Ritual mit Rauchquarz	Ritual mit Selenit
Führen Sie die erdende Übung auf Seite 26 aus und halten Sie dabei einen Rauchquarz in der Hand, um sich zu verankern.	Selenit kann auch verwendet werden, um die Energie anderer Steine zu reinigen. Legen Sie einen Selenit über Nacht neben Ihre Kristalle.

BERUHIGUNG UND ENTSPANNUNG

Rosenquarz Stress und Reizüberflutung kennen wir wohl alle. Manchmal ist das Nervensystem so überbeansprucht, dass wir nicht mehr zur Ruhe kommen. Dann brauchen Sie einen beruhigenden Heilstein, der beim Entspannen helfen kann. Wenn Sie Probleme mit dem (Ein-)Schlafen haben, nervös sind oder gerade schwierige Emotionen verarbeiten, kann Rosenquarz beruhigen. Dieser Stein in verträumtem Rosa ist für seine besänftigende Wirkung bekannt. Er beruhigt und stärkt gleichzeitig Ihre Fähigkeit für Mitgefühl. Wenn Sie sich niedergeschlagen, einsam oder enttäuscht fühlen, kann dieser Heilstein helfen, die Belastung abzubauen.

DIE EIGENE RICHTUNG FINDEN

Bergkristall Dies ist ein wahrer Allrounder. Wenn Sie mit ihm aktiv eine Absicht formulieren, wird er diese Absicht verstärken. Wenn sich Ihre Welt um Sie herum verändert und Sie eine neue Richtung einschlagen müssen, wird er Sie auf den richtigen Weg führen. Bergkristall kann helfen, Ihre Lebensziele zu erkennen, strategisch zu planen und sich festzulegen. Wenn Sie ihm einmal Ihre Wünsche und Sehnsüchte anvertraut haben, wird er die Schwingung Ihrer Absichten aktiv halten und Ihnen helfen, Ihre Zukunft zu visualisieren und zu verwirklichen.

Ritual mit Rosenquarz	Ritual mit Bergkristall
Geben Sie einen getrommelten Rosenquarz in Ihre nächste Tasse Tee oder in Ihr nächstes Glas Wasser und genießen Sie das beruhigende Elixier in einem achtsamen Moment.	Formulieren Sie eine inspirierende Affirmation und schreiben Sie sie auf. Lesen Sie die Affirmation laut und halten Sie dabei einen Bergkristall in den Händen.

INTUITION
UND EINSICHT

Amethyst   Ihre Intuition ist Ihr natürliches Leitsystem. Es ist das Bauchgefühl, das signalisiert, ob sich etwas falsch oder genau richtig anfühlt. Die Intuition zeigt sich bei jedem Menschen auf unterschiedliche Weise, aber sie ist wie ein Muskel, der trainiert werden kann. Falls Sie Fragen zu Ihrem Leben haben und sich den Antworten nähern wollen, kann Amethyst helfen. Üben Sie sich in Neugier und Zuhören und lassen Sie diesen violetten Heilstein Ihr geistiges Auge öffnen. Amethyst kann auch helfen, in Ihrem nächsten wichtigen Gespräch, Meeting oder bei einer Präsentation das Richtige zu sagen. Und wenn Sie einen Kreativitätsschub brauchen, hilft Amethyst, die Kanäle der Inspiration zu öffnen.

	Ritual mit Amethyst	

Wenn Sie das nächste Mal vor einer Frage zu Ihrem Leben oder Ihrem Weg stehen, legen Sie sich hin und platzieren Sie einen Amethyst auf Ihrer Stirn oder in der Nähe Ihres Scheitels. Meditieren Sie und geben Sie der Antwort Raum. Sie wird aus Ihnen heraus auftauchen.

DIE ZEICHEN

SIE UND DIE ASTROLOGIE

Sie sind ein einzigartiges Wesen mit zahllosen Eigenschaften, die Ihre Identität bestimmen. Die Astrologie beleuchtet Ihre Persönlichkeit und Ihren Weg. Sie beschreibt, wie Sie denken, lernen, lieben, handeln und vieles mehr, und sie kann genutzt werden, um die Energie des Augenblicks zu verstehen.

Seit Jahrtausenden befassen sich die Kulturen der Welt mit der Astrologie. Dieses Buch basiert auf der zeitgenössischen westlichen Astrologie. Wie alle Dinge im Universum erzeugen auch die Planeten auf ihrer Wanderung durch den Tierkreis Schwingungen, deren Energie sich auf den Menschen überträgt, vom ersten Atemzug an.

Ihre Astrologie ist viel mehr als nur Ihr reines Sternzeichen. Die exakten Positionen der Planeten im Tierkreis zum exakten Zeitpunkt Ihrer Geburt bilden Ihr Geburtshoroskop: eine individuelle Karte des Himmels, als Sie geboren wurden. Es zeigt Ihnen nicht nur Ihr Sternzeichen, das sich aus dem Stand der Sonne ergibt, sondern auch, in welche Zeichen der Mond und andere Planeten fallen. Dies ist der Schlüssel zum Verständnis Ihres persönlichen energetischen Codes.

Um Ihre einzigartige astrologische Verfasstheit zu entdecken, müssen Sie zunächst Ihr Geburtshoroskop erstellen.

SONNE, MOND UND ASZENDENT

Wenn jemand nach dem Sternzeichen fragt, ist normalerweise das Sonnenzeichen gemeint. Interessant sind aber unbedingt auch das Mondzeichen und der Aszendent. Diese drei Symbole sind ein guter Ausgangspunkt für Ihre astrologische Erkundung, denn sie stellen die Grundzüge Ihrer Persönlichkeit dar – wie eine Skizze, die Ihr Abbild in wenigen Strichen festhält. Zusammen bestimmen diese drei Symbole Ihr inneres und äußeres Selbst.

Das Geburtshoroskop erstellen

Gehen Sie auf www.sandysitron. com/crystals (in englischer Sprache) und geben Sie unter dem Menüpunkt »Create Your Birth Chart« Ihre konkreten Geburtsdaten ein. Sie erhalten dann ein Geburtshoroskop, aus dem hervorgeht, in welchen Zeichen sich die Planeten zur Zeit Ihrer Geburt befanden und wo sie am Himmel standen.

SONNENZEICHEN

- Das konstante, helle Licht der Sonne symbolisiert Ihr Ego, den Teil von Ihnen, mit dem Sie sich bewusst identifizieren. So denken Sie über sich selbst.

- Die Sonne ist das Gravitationszentrum des Sonnensystems, sie steht für Ihr inneres Selbst, Ihren grundlegenden Charakter und Ihre Werte.

- Die Sonne ist die Energiequelle, die das Leben auf unserem Planeten erschafft. Sie steht dafür, wie Sie Ihre Energie kanalisieren.

MONDZEICHEN

- Den Mond sieht man meist nachts. Er steht für den Teil des Selbst, der schwer zu fassen ist – das Unbewusste.

- Der Mond verändert seine Gestalt im Laufe des Mondmonats. Er steht für Ihre sich ständig verändernden Gefühle und dafür, wie Sie unbewusst auf sie reagieren.

- Der Mond umkreist die Erde. Er beschreibt, wie Sie sich nach innen wenden, um sich zu schützen, zu nähren und zu beruhigen.

ASZENDENT

- Als Aszendent bezeichnet man das Tierkreiszeichen, das zum genauen Zeitpunkt Ihrer Geburt am östlichen Horizont aufgegangen ist.

- Der Aszendent wirft neues Licht auf die Welt. Er symbolisiert, wie das Licht Ihrer Persönlichkeit nach vorn strahlt, wenn Sie die Straße entlanggehen, neue Menschen treffen oder in den sozialen Medien interagieren. Er repräsentiert Ihre Ausstrahlung oder Ihre »Marke«. Der Aszendent verkörpert, wie andere Menschen Sie sehen.

- Auf den folgenden Seiten erfahren Sie, wie Sie Ihre einzigartige Wassermann-Energie mithilfe von unterstützenden Kristallen ausgleichen oder verstärken können. Ganz gleich, ob der Wassermann Ihr Sonnen- oder Mondzeichen oder Ihr Aszendent ist: Dieses Buch wird Ihnen helfen, Ihre Ausrichtung zu finden, und Ihnen zeigen, wie Sie Ihre angeborenen Gaben optimal nutzen können.

PLANETEN

SONNE

MOND

MERKUR

VENUS

MARS

JUPITER

SATURN

URANUS

NEPTUN

PLUTO

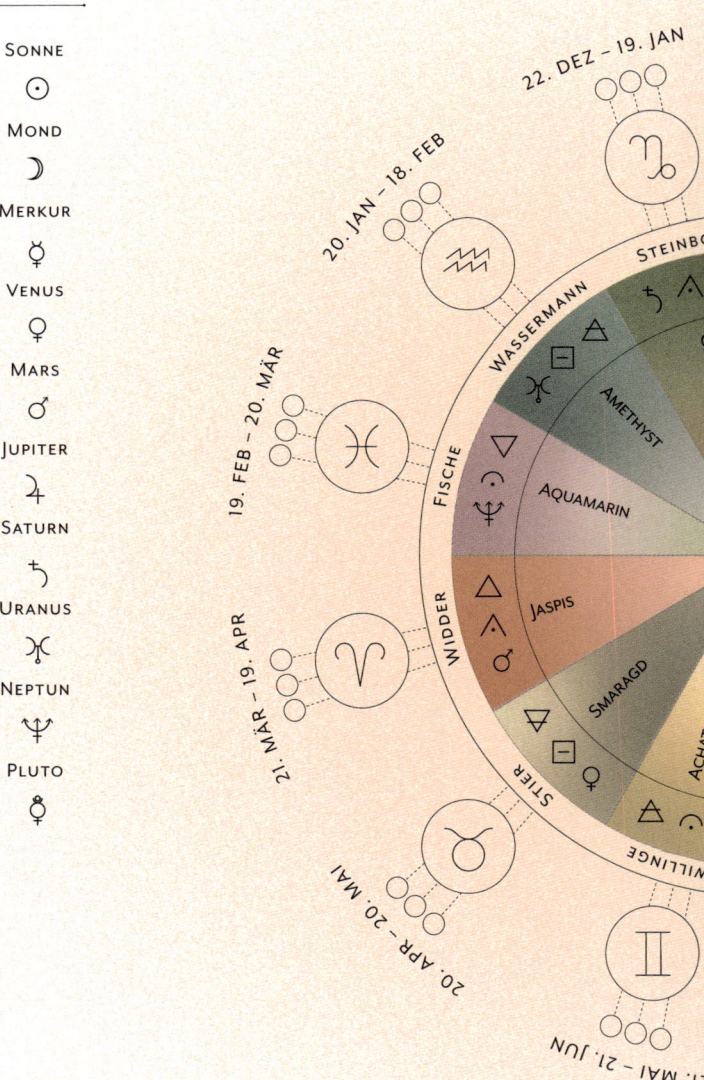

DIE DATEN SIND UNGEFÄHRE ANGABEN, DA SIE SICH
VON JAHR ZU JAHR GERINGFÜGIG VERSCHIEBEN KÖNNEN.

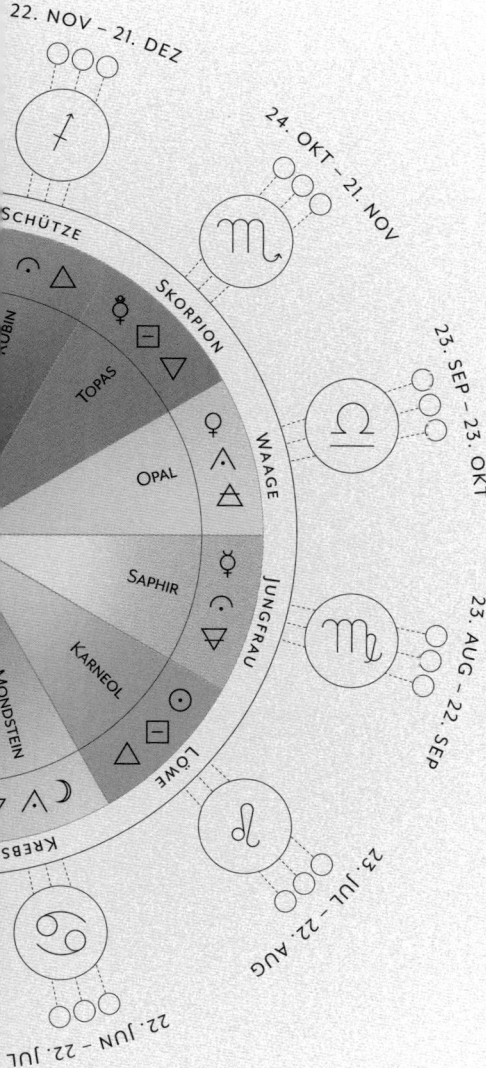

ELEMENTE

FEUER
△

ERDE
▽

LUFT
△

WASSER
▽

MODALITÄT

KARDINAL
⩗

FEST
⊟

BEWEGLICH
◠

22. NOV – 21. DEZ

24. OKT – 21. NOV

23. SEP – 23. OKT

23. AUG – 22. SEP

23. JUL – 22. AUG

22. JUN – 22. JUL

SCHÜTZE

SKORPION

WAAGE

JUNGFRAU

LÖWE

KREBS

RUBIN

TOPAS

OPAL

SAPHIR

KARNEOL

MONDSTEIN

AUFBRUCH ZUR
SELBSTENTDECKUNG

Zwei wichtige Werkzeuge helfen im Zusammenhang
mit Sternen und Kristallen, auf dem Weg der Selbstentdeckung voranzukommen: Intuition und Absicht.
Intuition hilft zu erkennen, was Sie wollen,
und Absicht ist nötig, um Pläne zu verwirklichen.

DIE INTUITION ALS
FÜHRUNG ANNEHMEN

Jeder Mensch verfügt über Intuition. Sie ist die innere Weisheit, unser eingebautes Leitsystem. Nutzen Sie die folgenden Übungen, um Ihrer inneren Stimme mehr Gewicht zu verleihen.

Verbindung zur Intuition finden

Entschleunigen Atmen Sie ein paarmal tief ein und aus und schließen Sie die Augen. Je mehr Sie Ihr Leben entschleunigen können (und seien es nur fünf Minuten), desto deutlicher vernehmbar wird Ihre innere Stimme.

Eine Frage stellen Was genau wollen Sie wissen? Fragen Sie sich laut oder formulieren Sie im Stillen. Sie können die Frage auch aufschreiben, malen oder tanzen. Wichtig ist nur, dass die Fragestellung klar ist. Wenn Sie aktuell keine konkrete Frage haben, probieren Sie diese: »Was muss ich wissen, das ich noch nicht weiß?«

Die Antwort hören Vielleicht hören Sie Worte oder spüren eine Regung in Ihrem Körper. Vielleicht schreiben Sie Ihre Frage in ein Notizbuch, blättern die Seite um und schreiben die Antwort auf. Vielleicht spüren Sie eine emotionale Reaktion oder das Bedürfnis, sich auf eine bestimmte Weise zu bewegen. Seien Sie aufmerksam und folgen Sie dem Impuls.

Üben Je mehr Sie das Fragen und Zuhören üben, desto besser werden Sie Ihre innere Stimme verstehen. So wie Kraftsport die Muskeln stärkt, kann diese Übung Ihren »Intuitionsmuskel« kräftigen. Bleiben Sie dran.

ABSICHTEN FORMULIEREN

Während der Meditation und bei Ritualen können Sie Ihre Kristalle mit den Absichten oder Affirmationen programmieren, die Ihnen helfen, Ihre übergeordneten Ziele zu erreichen. Eine Absicht ist ein neuer Gedanke, den Sie sich gern zu eigen machen würden. Unser Unterbewusstsein spart Energie, indem es bestimmte Gedanken und Gewohnheiten immer wieder aufgreift. Diese an sich kluge (Über-)Lebensstrategie hat Vorteile, denn wir gewinnen beispielsweise mehr Energie und Raum für besondere, einmalige Dinge. Zu den Schattenseiten gehört, dass wir in starren Mustern feststecken können. Um eine neue Denkweise dauerhaft zu etablieren, könnten Sie beispielsweise den neuen Gedanken bewusst und absichtsvoll wiederholen. Hier erfahren Sie, wie das Ganze gehen kann.

Was würden Sie gern verändern? Wo stecken Sie fest? Welches alte Verhaltensmuster würden Sie gern ablegen? Ein Beispiel: »Ich stecke fest. Ich habe zwar immer tolle Ideen für Projekte, aber ich bringe nie zu Ende, was ich anfange.«

- Beginnen Sie mit einem Wunsch, zum Beispiel: »Es wäre schön, wenn ich meine Vorhaben öfter zu Ende brächte.«

- Machen Sie daraus eine Aussage, etwa: »Ich schließe meine Vorhaben auch ab.«

- Positive Affirmation
Formulieren Sie, was Sie wollen, und nicht, was Sie *nicht* wollen: »Ich schließe meine Projekte ab« statt »Ich will meine Projekte nicht unfertig abbrechen«.

- In die Gegenwart bringen
Schreiben Sie die Affirmation im Präsens auf: »Ich schließe meine Projekte ab«, nicht: »Ich werde meine Projekte abschließen.«

- Ein Gefühl beschreiben
Verstärken Sie die Affirmation mit einem positiven Gefühl: »Ich schließe meine Projekte ab und bin sehr zufrieden mit mir.«

- Bewerten
Vermittelt Ihre Affirmation ein positives Gefühl? Falls ja, wunderbar! Sie haben Ihre Affirmation gefunden. Wenn nicht, verfeinern Sie sie weiter. Verstärken Sie die Glaubwürdigkeit. Vielleicht braucht Ihr Unterbewusstsein mehr Hilfe, um der Affirmation zu trauen. Versuchen Sie es in diesem Fall mit: »Ich glaube an die Möglichkeit, dass ich meine Projekte zu Ende bringe und mich zufrieden fühle« oder »Ich lerne, meine Projekte mit Zufriedenheit und Leichtigkeit zu beenden«. Mit der Zeit und etwas Übung werden Sie feststellen, dass Sie den Zwischenschritt nicht mehr brauchen. Dann können Sie Ihre Affirmation aktualisieren in: »Ich schließe meine Projekte mit Leichtigkeit ab und bin sehr zufrieden mit mir!«

MIT KRISTALLEN ARBEITEN

Kristalle sind eine mächtige Kraft, aber um sie optimal zu nutzen, sollten Sie sie durch regelmäßige Pflege reinigen und aufladen. Außerdem sollten Sie lernen, wie Sie Kristalle mit den von Ihnen entwickelten Absichten aktivieren können.

KRISTALLE
REINIGEN

Alle Dinge auf der Erde durchlaufen einen
Prozess von Verfall und Erneuerung. Die
Reinigung von Kristallen ist wichtig, damit sich
ihre klare energetische Frequenz erneuern kann.
Stellen Sie sich bei der Reinigung vor, dass Sie
den Kristall von jeglicher Energie befreien, die
er von Ihnen selbst, von anderen Menschen und
der Umwelt aufgenommen hat.

Reinigungsrituale

Informieren Sie sich über Ihren Heilstein, um herauszufinden, ob die vorgesehene Reinigungsmethode für ihn und Sie selbst unbedenklich ist. Manche Kristalle können sich zum Beispiel in Wasser auflösen oder im Sonnenlicht verblassen. Manche Steine enthalten Mineralien, die sich in Wasser lösen können und dann gesundheitsschädlich sind.

Licht: Den Kristall eine Stunde lang ins Sonnen- oder Mondlicht legen.
Salz: Den Kristall etwa 5 Minuten in Salz legen.
Klänge: Singen oder ein Instrument verwenden, z. B. Klangschalen, Glocken oder Stimmgabeln.

Wasser: Den Kristall einige Minuten lang unter fließendes Wasser (aus einer natürlichen Quelle oder dem Wasserhahn) halten.
Visualisierung: Stellen Sie sich vor, wie kristallines Licht oder Erzengel den Kristall umgeben und ihn reinigen.
Selenit: Den Heilstein über Nacht neben einen Selenit legen.
Erde: Den Kristall für einen Tag in der Erde eingraben.

Der richtige Zeitpunkt: Kristalle sollten gleich nach der Anschaffung gereinigt werden, danach etwa einmal monatlich – auch öfter, wenn sie häufig benutzt werden.

ERDUNG
FINDEN

Vor jeder Art von Energiearbeit ist es wichtig, sich zu erden. Wenn ein Schiff seinen Anker in einem ruhigen Hafen auswirft, ist es davor geschützt, von starken Wellen zurück ins Meer gezogen zu werden. Bei der Energiearbeit mit Kristallen kann es vorkommen, dass Sie sich treiben lassen und weit in die Ferne träumen. Darum sollten Sie sicher mit der Erde verbunden sein.

So erden Sie sich

• Sie sitzen oder liegen bequem mit geschlossenen Augen an einem ruhigen Platz. Stellen Sie sich vor, Ihr Körper sei ein Baumstamm und aus den Fußsohlen wachsen Wurzeln.

• Ruhig und tief atmen. Stellen Sie sich vor, Ihre Wurzeln wachsen in den Boden hinein und weiter bis zum Erdkern.

• Visualisieren Sie ein heilendes Licht, das von den Wurzelspitzen in Ihren Körper aufsteigt. Stellen Sie sich vor, dass dieses heilende Licht durch Ihren Körper zirkuliert, jegliche Anspannung und Stress aufnimmt und zurück in die Erde trägt.

• Stellen Sie sich weiterhin den Energiefluss vor: erdende Energie, die durch Ihre Wurzeln nach oben strömt, während Spannung und Stress zur Erde zurückfließen.

• Wenn Sie sich entspannt und geerdet fühlen, danken Sie der Erde, bevor Sie die Augen öffnen.

IHRE KRISTALLE
AKTIVIEREN

Der Kristall ist gereinigt, und Sie sind geerdet.
Nun können Sie Ihren Kristall mit der Absicht,
die Sie entwickelt haben, »programmieren«.
Dabei wird er so aktiviert, dass seine
Schwingungen ganz auf Ihre Wünsche und
Ziele abgestimmt sind. Es ist ganz einfach, dem
Kristall mitzuteilen, was Sie erschaffen oder
erreichen möchten.

So aktivieren Sie
einen Kristall

Um die Kraft des Kristalls zu verstärken, konzentrieren Sie sich auf Ihre
Absicht und richten Sie diese Energie
auf den Kristall. Beachten Sie:

- Die Absicht oder Affirmation muss
  klar sein.

- Einen (Meditations-)Timer auf
  10 Minuten stellen.

- Sie sitzen bequem auf einem Stuhl
  oder auf dem Boden.

- Den Kristall in den Händen halten
  oder auf den Körper legen. Sie
  können ihn auch vor sich auf

einem Tisch oder auf dem Boden
platzieren.

- Bei jedem Einatmen die Inten-
  tion wiederholen – laut oder in
  Gedanken.

- Bei jedem Ausatmen die Aufmerksamkeit auf den Kristall richten.

- Wenn die Aufmerksamkeit
  abschweift, konzentrieren Sie sich
  einfach wieder auf den Kristall und
  Ihren Atem.

- Wiederholen, bis der Timer
  klingelt.

WASSERMANN

Daten: **20. Januar – 18. Februar** Element: **Luft**
Modalität: **Fest** Planet: **Uranus**
Symbol: **Wasserträger/Meermann** Kristall: **Amethyst**

IHR STERNZEICHEN
KURZ ERKLÄRT

Der Wassermann ist intelligent, innovativ und menschen-
freundlich. Als Wassermann denken Sie in großen Dimen-
sionen und schauen über den Tellerrand hinaus. Das Wohlergehen der größeren Gemeinschaft ist Ihnen wichtig. Sie
wissen, dass ein Traum sich nur im Team realisieren lässt,
und dass wir nur dann Erfolg haben, wenn alle in einem
produktiven Umfeld zusammenarbeiten.

Ihren Scharfsinn halten Sie vielleicht für selbstverständlich. Sie haben ständig großartige Ideen und müssen ent-
scheiden, welchen Sie zuerst nachgehen wollen. Obwohl
Sie einen starken Hang zu Innovation und Veränderung
haben, neigen Sie dazu, Ideen, die Ihnen wichtig sind, ziel-
strebig umzusetzen. Sie sind unverwüstlich und entschlos-
sen. Wenn Sie sich einer Sache, einer Person, einem Projekt
oder einer Überzeugung verschrieben haben, steht Ihnen
nichts mehr im Weg.

Der Wassermann ist das Zeichen, das die Zukunft regiert.
Auf der persönlichen Ebene kann sich das auf vielerlei
Weise manifestieren. Vielleicht sind Sie ein Trendsetter
oder Sie haben ein feines Gespür für die nächste Welle von
Ideen, Moden, Technologien und Innovationen. Vielleicht
stellen Sie fest, dass es Ihnen leicht fällt, sich Ziele für Ihre
persönliche Zukunft oder die kollektive Zukunft vorzustellen. Mit Ihrer Fähigkeit, zehn Schritte vorauszudenken,
bieten Sie der Gesellschaft eine neue Perspektive. Sie sind
wie ein elektrischer Strom, der Ihre Umgebung erhellt. Sie
setzen sich konsequent durch.

DER WASSERMANN: EIN LUFTZEICHEN

Luft fließt in und um jedes Lebewesen auf der Erde. Sie ist unsichtbar, berührt aber alles. In der Astrologie symbolisiert das Element Luft geistige und soziale Verbindungen. Der Wassermann ist gesprächig und neugierig und bereit zu entdecken, was uns alle verbindet.

DER WASSERMANN: EIN TRANSPERSONALES ZEICHEN

Transpersonale Zeichen gehen über das Persönliche hinaus und leben und arbeiten zum Wohle aller Menschen. Sie neigen dazu, das große Ganze zu betrachten und können die Gefühle und Erfahrungen anderer Menschen in ihre Überzeugungen, Ziele und Träume einbeziehen.

DER WASSERMANN: EIN FESTES ZEICHEN

Die fixen Zeichen beißen sich fest und halten durch. Diese Energie hält Projekte am Laufen, auch wenn die Zeiten schwierig sind. Die beständige Wassermann-Energie hilft Ihnen, langsam und beständig Ihre Ziele zu erreichen.

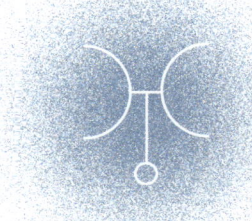

UNTER DER HERRSCHAFT DES URANUS

Uranus steht für Innovationen, neue Ideen und unkonventionelle Haltungen Dieser herrschende Planet verleiht dem Wassermann die Fähigkeit, den Status quo zu lockern und den Geist für neue Ideen zu öffnen.

DAS BILDSYMBOL

Der Wasserträger steht für eine menschliche Person, die anderen Wasser als Symbol für Leben darreicht.

AMETHYST – EIN WICHTIGER GEBURTSSTEIN

Dieser klare violette Kristall wirkt beruhigend und heiter. Er schützt den Geist und die Seele, sodass Wassermänner klar denken, sich auf brillante Ideen konzentrieren und in Gesprächen den moralischen Weg einschlagen können. Sie fühlen sich gern mit der Gesellschaft verbunden, aber der Umgang mit großen Menschengruppen kann für Sie anstrengend sein. Die abschirmenden Qualitäten des Amethysts helfen Ihnen, sich ruhig zu fühlen, wenn Sie sich unter Menschen mischen.

WESENSZÜGE
DES WASSERMANNS

Ihre Schlüsseleigenschaften zeigen, wie viel
Glanz Sie verbreiten. Diese Charakterzüge
machen Sie einzigartig.

Innovativ Sie sind erfinderisch. Wenn Sie mit einem Problem konfrontiert werden, sucht Ihr analytischer Verstand nach kreativen Lösungen.

Intelligent Man könnte sogar sagen, dass Sie eine geniale Ader haben. Ihr Verstand ist scharf.

Sozial Sie können gut mit Menschen umgehen. Andere fühlen sich in Ihrer Nähe wohl. Manchmal fühlen Sie sich wie ein Außenseiter, aber so sehen die anderen Sie nicht. Sie sind ein integraler Bestandteil Ihrer großen Gemeinschaft.

Objektiv Ihre natürliche Fähigkeit, objektiv zu sein, hilft Ihnen, in den meisten Situationen die Ruhe zu bewahren. Normalerweise nehmen Sie die Dinge nicht persönlich.

Konzeptuell Sie besitzen die Gabe, abstrakte Konzepte zu verstehen.

Individuell Sie bringen Ihre Individualität auf natürliche Weise zum Ausdruck und scheuen sich nicht, ein wenig unangepasst zu sein. Sie lassen sich nicht davon beeinflussen, was andere Leute denken. Manche mögen Sie als eklektisch oder sogar exzentrisch bezeichnen, aber wenn es darauf ankommt, sind Sie einfach Sie selbst.

Menschlich Ihr großes Herz schlägt höher, wenn Sie an die Ungerechtigkeit in der Welt denken. Das Wohlergehen der Menschen liegt Ihnen sehr am Herzen.

Visionär Sie können sich die Zukunft leicht vorstellen und denken immer ein paar Schritte voraus.

STÄRKEN UND SCHWÄCHEN
DES WASSERMANNS

Ihre natürlichen Gaben haben positive
und negative Seiten, die manchmal ins
Gleichgewicht gebracht werden müssen.

Freidenker vs. Kämpfer Als Freidenker gehen Sie Ihren eigenen Weg. Es ist in Ordnung, unangepasst zu sein, aber manchmal kämpfen Sie vielleicht unnötigerweise gegen die Tradition. Das kann andere irritieren.

Unvoreingenommen vs. unbeteiligt Ihr Hang zur Objektivität hilft Ihnen, die Dinge nicht persönlich zu nehmen. Wenn Ihr Hang zur Neutralität jedoch in Richtung Unbeteiligtheit kippt, könnten Sie sich von anderen abgekoppelt fühlen.

Dynamisch vs. sprunghaft Sie können charismatisch und lebhaft sein. Sie haben keine Angst vor Veränderungen und halten die Dinge auf jeden Fall interessant! Wenn Ihre Energie sehr stark wird, könnten Sie etwas sprunghaft wirken.

Fantasievoll vs. unaufmerksam
Sie sind fantasievoll und kreativ, aber Ihr Verstand ist Ihnen immer mehrere Schritte voraus, sodass es Ihnen schwer fallen kann, sich auf die Details des gegenwärtigen Augenblicks zu konzentrieren. Sie wissen vielleicht nicht mehr, wo Sie Ihre Schlüssel hingelegt haben, aber was spielt das schon für eine Rolle, wenn Sie damit beschäftigt sind, den Klimawandel und andere Weltprobleme auszuräumen!

Selbstsicher vs. stur Sie wissen, was Sie denken, und Sie wissen, was Sie wollen. Wenn Sie sich in etwas verbissen haben, können Sie stur sein.

Cool vs. jähzornig In jungen Jahren haben Sie vielleicht gelernt, Ihre Emotionen herunterzuspielen, darum können Sie als Erwachsener kühl und kontrolliert sein. Aber Sie werden feststellen, dass das gewohnheitsmäßige Unterdrücken von Gefühlen zu Überreaktionen führen kann.

MIT WEM VERTRÄGT SICH DER WASSERMANN?

Die Frage der Verträglichkeit ist schwierig, denn
Sie sind weit mehr als nur Ihr Sonnenzeichen.
Und auch andere Menschen sind vielschichtig.

Bereichernd und harmonisch

Widder und Wassermann sind gleichermaßen visionär. Als dynamisches Paar könnten Sie Modestatements abgeben, innovative Start-ups gründen oder Revolutionen anzetteln.

Die Kombination **Zwillinge**/Wassermann inspiriert zu urkomischen Witzen, genialen Brainstorming-Sitzungen und geistreichen Scherzen.

Sie sind auf der gleichen Seite wie die **Waage**. Sie teilen eine Vorliebe für Objektivität und Klarheit. Manchmal scheint es, als ob Sie beide die Probleme der Welt lösen könnten.

Wenn es darum geht, Träume und Visionen für die Zukunft zu entwerfen, macht der **Schütze** Sie glauben, dass alles möglich ist.

Herausfordernd und anstrengend

Die emotionalen Untiefen des **Krebses** könnten Ihre Laune trüben.

Sie haben das große Ganze im Griff, während die **Jungfrau** ein Experte für die Details ist. Es gibt zwar Momente, in denen diese Kombination funktioniert, aber meist ist Ihnen die unnötige Aufregung lästig.

Der **Steinbock** ist inspiriert von Traditionen, während Sie eher an Innovationen interessiert sind.

Fische sind subjektiv und emotional, während der Wassermann objektiv und analytisch ist. Es ist schwer, sich in der Mitte zu treffen.

♈	♎	♋	♑
WIDDER	WAAGE	KREBS	STEINBOCK
♊	♐	♍	♓
ZWILLINGE	SCHÜTZE	JUNGFRAU	FISCHE

DER WASSERMANN
ALS SONNENZEICHEN

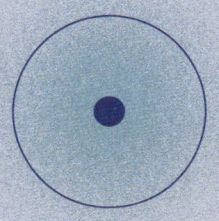

Wenn Sie zwischen dem 20. Januar und dem 18. Februar geboren wurden, ist der Wassermann Ihr Sonnenzeichen. Es beschreibt Ihre energetische Grundverfassung.

So wie die Sonne das Zentrum des Sonnensystems ist, symbolisiert Ihr Sonnenzeichen (landläufig »Sternzeichen«) den Kern Ihres Wesens. Als Wassermann schätzen Sie Innovation, Fortschritt und Zusammenarbeit. Sie sind bereit, sich in Ihrer Gemeinschaft zu engagieren und eine bessere Welt zu gestalten. Ziele, Visionen und Träume für die Zukunft treiben Sie an.

Manchmal müssen Sie sich selbst daran erinnern, dass Sie geliebt werden und dazugehören. Vielleicht müssen Sie an der Verarbeitung Ihrer Gefühle arbeiten, damit Sie sich auf Ihr emotionales Erleben einstellen können.

Da Ihr Sonnenzeichen Ihr Selbstvertrauen stärkt und Ihr Selbstwertgefühl belebt, sollten Sie vor allem auf zwei Kristalle setzen: Einer verstärkt und erweitert Ihre Gaben, der andere wirkt ausgleichend und unterstützt Sie in den Bereichen, in denen Sie noch wachsen können.

VERSTÄRKENDER KRISTALL FÜR DEN WASSERMANN

KLARHEIT, WEISHEIT,
GELASSENHEIT

Amethyst Wenn Sie Ihr Gehirn auf Trab bringen müssen, greifen Sie zu diesem sanften Stein, um Ihre besten Ideen und Entscheidungen zu fördern. Für Sie als Denker wirkt der Amethyst wie ein klärendes geistiges Tonikum. Der pflaumenfarbene Kristall aus der Familie der Silikate hilft Ihnen, einen klaren Kopf zu bekommen und inspiriert Sie zu funkelnder Brillanz.

Der Amethyst hilft Ihnen, Ihre überragenden Gedanken mit anderen Menschen zu teilen, indem er Ihre Kommunikationsfähigkeit verbessert, sodass Sie diplomatisch und mit Weisheit sprechen können. Er hilft Ihnen, sich auf Ihren höheren Geist einzustimmen, sodass Sie sich ehrlich, ethisch und mit Anmut verhalten.

Sie lieben es, sich in der Öffentlichkeit zu bewegen und Kontakte zu knüpfen. Der Amethyst hat eine schützende Schwingung, die Ihnen helfen kann, die Energie, die Meinungen und die Emotionen anderer abzuschirmen. Dieser Kristall ist wunderbar beruhigend und kann Ihnen in chaotischen Momenten helfen, sich zu stabilisieren.

AUSGLEICHENDER KRISTALL FÜR DEN WASSERMANN

**WÄRME, VERBINDUNG,
SONNIGES GEMÜT**

Bernstein Bernstein ist wie eine Wärmflasche für die Seele und gibt Ihnen das Gefühl zu strahlen. Bernstein ist kein Mineral, sondern ein versteinertes, natürliches, pflanzliches Harz. Einst Teil eines lebenden, atmenden Baumes, erinnert Bernstein Sie daran, das Leben in vollen Zügen zu genießen und mit Ihrer Gemeinschaft verbunden zu bleiben.

Diese Portion Sonnenschein erwärmt Ihr Herz. Wassermann-Geborene fühlen sich manchmal isoliert oder ausgegrenzt. Lassen Sie sich von diesem enthusiastischen Kristall überzeugen, dass Sie nicht allein sind und dass Ihre einzigartigen Qualitäten geschätzt werden. Auf diese Weise kann Bernstein Ihnen helfen, eine positive und freudige Perspektive auf Ihr Leben zu bewahren.

Bernstein kann Ihnen auch helfen, Ihre Gefühle zu verarbeiten. Dieses goldene Harz ist ein allgemeiner Stresslöser. Es hebt die Stimmung und lässt die Gefühle fließen wie den Saft eines Baumes. Mit dieser aufmunternden Unterstützung fällt es Ihnen vielleicht leichter, Ihren Gefühlen Raum zu geben und Ihre emotionalen Erfahrungen verständnisvoll zu bewerten.

MONDZEICHEN WASSERMANN

ENERGIE, KREATIVITÄT
VERÄNDERUNG

Der Mond, der seine Gestalt ständig zu verändern scheint, symbolisiert in Ihrem Horoskop den Teil von Ihnen, der sich ebenfalls verändert: Ihre Emotionen.

Wenn sich ein Gefühl in Ihnen einstellt, tritt Ihr Wassermann-Wesen ins Rampenlicht. Ob es sich um Freude, Traurigkeit, Frustration oder Begeisterung handelt – wenn es um Emotionen geht, schalten Sie voll auf Wassermann. Ihre unberechenbare, verspielte, intellektuelle, unabhängige, losgelöste, launische und exzentrische Seite tritt in den Vordergrund.

Als Mond-Wassermann möchten Sie Dinge verändern und Neues ausprobieren. Ihre Emotionen werden oft aktiviert, wenn Sie über Ihre Zukunft, Ihre Ziele und Ihre Träume nachdenken. Sie können sich sogar noch mehr aufregen, wenn es um Themen geht, die die größere Gemeinschaft betreffen. Sie sind ein leidenschaftlicher Verfechter von Freiheit, Gerechtigkeit und anderen humanitären Werten.

Als Sie jung waren, fiel es Ihnen vielleicht leichter, Ihre Gefühle zu ignorieren oder deren Verarbeitung zu vermeiden. Wenn das der Fall war, fühlen Sie sich heute manchmal von Wellen starker Gefühle überwältigt, die aus dem Nichts aufzutauchen scheinen und dann genauso schnell wieder vergehen. Um mit dieser Tendenz umzugehen, versuchen Sie, Ihre Gefühle zuzulassen, wenn sie auftauchen.

Mandarinenquarz Wie die namensgebende Frucht liefert dieser blassorangefarbene Kristall einen spritzigen Energieschub. Er regt Ihre Kreativität an und hilft Ihnen, einzigartige Lösungen zu finden. Der Gedanke an das, was möglich ist, spornt Sie an und hält Sie bei guter Laune.

Der Stein hilft Ihnen auch, eine positive Einstellung zu Veränderungen (insbesondere zu unerwarteten) zu finden.

Nehmen Sie sich Zeit, Ihre Gefühle zu verarbeiten, wenn sie sich zeigen. Der Mandarinenquarz hilft Ihnen, mit Ihren Gefühlen praktisch umzugehen und wirkt sanft stabilisierend.

ASZENDENT
WASSERMANN

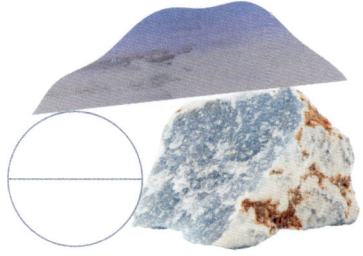

HARMONIE, AKZEPTANZ, KOMMUNIKATION

Der Aszendent ist das Zeichen, das am östlichen Horizont stand, als Sie geboren wurden. Es steht für das Gesicht, das Sie der Welt zeigen: Ihre soziale Persönlichkeit. Als Mensch mit Aszendent Wassermann funkeln und schimmern Ihre überragenden Qualitäten. Sie sind einzigartig. Je nach Tageszeit machen Sie auf den ersten Blick einen freundlichen oder einen eigenbrötlerischen Eindruck. Sie haben keine Angst, sich selbst zu widersprechen, denn Sie können sowohl verantwortungsbewusst als auch nachlässig, distanziert und emotional, anpassungsfähig und durchsetzungsstark sein. In mehr als einer Hinsicht ist Ihre Persönlichkeit ein Rätsel.

Andere Menschen nehmen Sie als exzentrisch, intelligent und idealistisch wahr. Bei Gruppenunternehmungen verschafft Ihnen Ihre Fähigkeit, konzeptionell zu denken, oft eine Führungsrolle. Ihre Kreativität ist unübertroffen und andere Menschen orientieren sich an Ihnen, wenn es um Trends und Moden geht. Es ist, als wären Sie auf das kollektive Bewusstsein eingestimmt und könnten spüren, was als Nächstes »in« ist.

Nutzen Sie einen Kristall, der Ihnen hilft, sich von sich selbst und anderen akzeptiert zu fühlen.

Angelit Dieser himmelblaue Stein hat eine helle, sopranartige Schwingung. Getreu seinem Namen *(angel)* verspricht er als Schutzengel, den Himmel auf Erden zu erleben.

Der Mensch mit Aszendent Wassermann sehnt sich nach Akzeptanz. Dieser sanfte Kristall vermittelt eine Harmonie, die Ihnen hilft, darauf zu vertrauen, dass Sie einbezogen und umsorgt werden. Lassen Sie die Liebe herein und fühlen Sie sich mit den Menschen um Sie herum verbunden.

Angelit unterstützt eine kristallklare Kommunikation. Greifen Sie zu diesem Kristall, wenn Sie etwas unmissverständlich ausdrücken wollen. Er kann Ihnen helfen, Ihre innere Wahrheit auszusprechen und dabei Gelassenheit zu finden.

WEITERE HEILSTEINE FÜR DEN WASSERMANN

Die folgenden Heilsteine sind hilfreich für alle Wassermann-Konstellationen: Sonnenzeichen, Mondzeichen, Aszendent oder jeden anderen Wassermann-Planeten in Ihrem Horoskop. Diese kraftvollen Kristalle und Mineralien können den Wassermann in allen wichtigen Lebensbereichen unterstützen.

An Liebe und Beziehungen hat jeder andere Erwartungen, und diese können sich im Lauf der Zeit auch noch verändern. Vielleicht möchten Sie Liebe anziehen oder ihr folgen. Vielleicht möchten Sie tiefer empfinden oder sich körperlich, emotional oder spirituell für Intimität öffnen. Die Beziehungen des Wassermanns sind erhellend und belebend. Wenn Sie sich durch das Potenzial und die einzigartigen Qualitäten einer Beziehung inspiriert fühlen, blühen Sie auf. Das gilt besonders, wenn eine Beziehung Ihnen die Freiheit lässt, Sie selbst zu sein. Liebe ist für Sie oft in Freundschaft verwurzelt. Sie sind gern allein, können aber auch ein treuer Langzeitpartner sein. Wählen Sie einen Kristall, der Sie dabei unterstützt, sich sicher zu fühlen und Ihre Gedanken klar mitzuteilen.

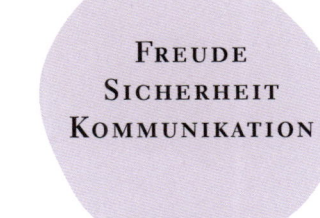

FREUDE
SICHERHEIT
KOMMUNIKATION

Rubin-Fuchsit Der Rubin-Fuchsit baut Sie energetisch auf, sodass Sie sich selbstbewusst, sicher und bereit für die Liebe fühlen. Der Wassermann lässt Beziehungen langsam angehen und bleibt insgesamt kühl. Mit Rubin-Fuchsit können Sie Ihr Glück steigern, indem Sie sich freier ausdrücken. Die natürlich entstandene Verbindung aus feuerrotem Rubin und mintgrünem Fuchsit verbindet Leidenschaft mit Sachlichkeit. Er passt perfekt zu Ihnen, mit Ihrer charakteristischen Mischung aus Witz und Zurückhaltung. Er kann Ihnen helfen, Ihre Wahrheit zu finden und in der Liebe ehrlich zu kommunizieren.

DER WASSERMANN UND FREUNDSCHAFT

Freunde bieten Unterstützung, Spaß, Liebe und neue Perspektiven. Als Wassermann sind Sie ein soziales Wesen, aber Sie verbringen Ihre Zeit auch gern allein. Sie schenken Ihren Freunden Abenteuer, Freude, fesselnde Gespräche und Teamwork. Sie haben große Träume und stecken andere damit an. Es entspricht der Widersprüchlichkeit des Wassermanns, dass er Menschen zusammenbringt, sich selbst aber oft ausgeschlossen fühlt. Sie werden von einem Kristall unterstützt, der Ihnen hilft, darauf zu vertrauen, dass Sie so, wie Sie sind, angenommen und akzeptiert werden.

Bismut Dieses kristalline Metall bringt Menschen zusammen. Sie sind ein natürliches Bindeglied und Bismut hilft Ihnen, sich daran zu erinnern, dass Sie in Ihrer Gemeinschaft unterstützt werden, dass Sie geliebt und akzeptiert werden. Bismut ist ein natürliches Element, aus dem wunderschöne, vielfarbige und schillernde Kristalle wachsen können. Dieses Halbmetall wirkt erdend und stabilisierend. Es hilft Ihnen, für Ihre Einzigartigkeit einzustehen und Ihren eigenen Lebensweg zu gehen. Es erinnert Sie auch daran, darauf zu vertrauen, dass Sie diesen Weg nicht allein gehen müssen. Laden Sie Ihre Freunde mithilfe von Bismut ein, Sie auf Ihrer fantastischen Reise zu begleiten!

**GEMEINSCHAFT
SICHERHEIT
TROST**

Menschenfreundlichkeit, Fantasie, Scharfsinn, Individualität und Teamgeist sind Eigenschaften des Wassermanns und gute Voraussetzungen, um im Beruf erfolgreich zu sein. Worüber denken Sie gern nach? Wie können Sie der Gesellschaft etwas zurückgeben? Der Wassermann hat widersprüchliche finanzielle Angewohnheiten. Für Außenstehende mögen Ihre finanziellen Entscheidungen sprunghaft erscheinen, aber Sie haben Ihre Gründe. Von Haus aus sind Sie ein bisschen geizig, weil Sie weit im Voraus planen. Ihre Zukunftsträume und -ängste beeinflussen Sie. Es gibt jedoch Dinge, für die Sie gern Geld ausgeben: Trends, neue Technologien, Philanthropie und die Erkundung neuer Horizonte.

ERFOLG
FÜLLE
SICHERHEIT

Uwarowit Der sattgrüne Farbton des Uwarowits erinnert an grüne Pinienwälder. Lassen Sie diesen immergrünen Kristall Ihre finanziellen Aussichten vitalisieren. Das Silikatmineral hilft Ihnen, tiefe Wurzeln zu schlagen, damit Sie sich ökonomisch stabil und sicher fühlen. Aus dieser Stabilität heraus können Sie expandieren, indem Sie in Ihre Träume und Visionen investieren. Kein Kristall kann durch Magie zu Reichtum verhelfen, aber dieser Stein veranlasst Sie dazu, an sich selbst zu glauben und auf Ihre Zukunft zu vertrauen, während Sie gleichzeitig solide Gewohnheiten entwickeln und verantwortungsvolle Entscheidungen treffen.

Wenn Führung und Visionen gefragt sind, wendet man sich an Sie. Sie ehren die Vergangenheit, wissen aber genau, wann es an der Zeit ist, mit der Tradition zu brechen, um eine bessere Zukunft zu gestalten. Dieses Gespür für den Fortschritt, gepaart mit Ihrem ausgeprägten konzeptionellen Denken, macht Sie zu einem idealen Kandidaten für eine Führungsposition. Vielleicht machen Sie sich aber auch lieber selbstständig, denn Ihr unkonventioneller Geist hat keine Geduld, sich dem Establishment anzupassen. So oder so, Sie bringen die Dinge in Gang. Ihr Schlüsselwort, wenn es um Ihre Arbeit geht, ist »Innovation«. Die Arbeit sollte spannend und fortschrittlich sein und Sie geistig fordern.

Girasol Der Girasol hilft Ihnen, sich auf Ihre Träume einzustimmen und sie zu erweitern. So können Sie wichtige Arbeitsziele ins Visier nehmen und Ihre Handlungen so ausrichten, dass Sie sie auch durchsetzen können. Sie sind motiviert, wenn Sie das Gefühl haben, dass Sie vorankommen, und Sie sind frustriert, wenn Sie sich langweilen. Verwenden Sie diesen Kristall, um Ihre Dynamik zu bremsen, wenn realistische Zeitabläufe Sie frustrieren.

Sie geben nicht so leicht auf, und wenn Sie an etwas glauben, setzen Sie sich dafür ein. Der Girasol hilft Ihnen, Schwerpunkte zu setzen und dann Schritt für Schritt die Zukunft Ihrer Träume zu erschaffen.

KONZENTRATION
VERBESSERUNG
PUFFER

Sie denken über die Zukunft nach und sind gedanklich immer schon weiter. Nutzen Sie diese Begabung, um sich langfristige Ziele für einen gesunden Lebensstil zu setzen. Bei Zukunftssorgen können meditative Übungen Ihren Geist zu beruhigen. Als intellektuelles Luftzeichen neigen Sie dazu, sich auf das Kognitive zu konzentrieren und Ihren Körper zu vernachlässigen. Ihnen helfen Routinen, die Ihre grundlegende Gesundheit fördern. Sie sind technikbegeistert, darum können Fitness-Apps, Tracker und Mobilgeräte hilfreich sein. Zu Ihnen passt ein sehr individueller Ansatz für die Gesundheit, und Sie mögen vielleicht alternative oder ganzheitliche Heilmethoden.

UMSETZBARKEIT
ENTSPANNUNG
UNTERSTÜTZUNG

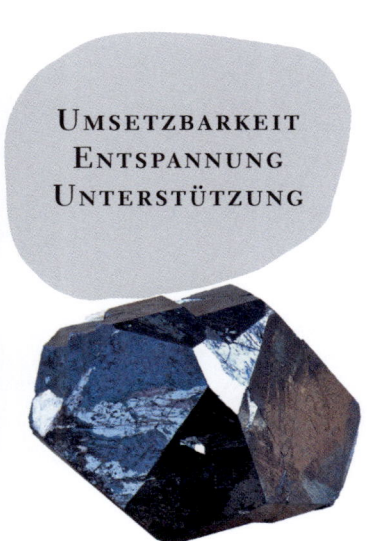

Hämatit Der Hämatit kann Ihnen helfen, sich zu entspannen und im Hier und Jetzt präsent zu sein. Als Stein des Ausgleichs und des Schutzes hilft er, sich im Körper zu zentrieren. Er kann Sie dabei unterstützen, präventive Gesundheitsgewohnheiten zu etablieren und durchzuhalten. Er hilft Ihnen, zur Ruhe zu kommen und einen praktischen Ansatz zu wählen. Greifen Sie zum Hämatit, wenn Sie einen sanften Anstoß brauchen, um sich wieder auf das Wesentliche zu besinnen und vermehrt auf Ihre Gesundheit und Ihr Wohlbefinden zu achten.

DER WASSER-
MANN IM
JAHRESLAUF

Die Energien der Tierkreiszeichen beeinflussen uns das ganze Jahr über. Wenn man sich von den Rhythmen der Natur abgekoppelt fühlt, kann man aus dem Gleichgewicht geraten. Das kann zu Stress führen und Energie rauben. Darum empfiehlt es sich, die astrologischen Jahreszeiten zu verstehen und sich auf sie einzustellen.

Verwenden Sie für diese Abstimmung Kristalle, die die einzigartige Energie jedes Augenblicks verstärken, um wieder in den Rhythmus der Natur zu finden.

Auf ihrer Reise durch die zwölf Tierkreiszeichen nimmt die Sonne verschiedene Lebensbereiche in den Fokus. Lernen Sie die Hauptenergien der jeweiligen Jahreszeit kennen und entdecken Sie, wie Ihr individuelles Horoskop davon beeinflusst wird.

SELBSTVERTRAUEN UND FÜHRUNG

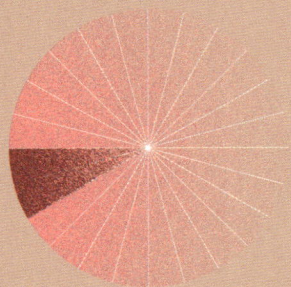

Die Widder-Zeit ist der Startschuss für ein Pferderennen. Los geht's, auf Teufel komm raus Richtung Ziel. Gehen Sie selbstbewusst in die Welt hinaus, treffen Sie mutige Entscheidungen und folgen Sie Ihrer Intuition. In dieser Jahreszeit geht es darum, Ja zu sagen zu dem, was Sie sind, und Ihr Leben in Freiheit zu leben. Die Knospen beginnen zu sprießen und neues Leben beginnt. Stimmen Sie sich auf dieses Gefühl der grenzenlosen Möglichkeiten ein.

WASSERMANN-HOROSKOP FÜR DIE WIDDER-ZEIT

Beleben Sie Ihren Geist mit neuen Ideen und Erkenntnissen. Die Sonne bereist Ihre Zone der geistigen und sozialen Verbindungen. Sie haben Lust, Neues zu lernen und mit anderen zu kommunizieren. Greifen Sie zum Telefon, schlagen Sie ein Buch auf oder plaudern Sie mit einem Nachbarn. Man weiß nie, was man alles erfahren und entdecken kann.

Übung für den Morgen	Übung für den Abend
Bringen Sie den Puls mit Kardiotraining auf Touren.	Löschen Sie das innere Feuer mit einem beruhigenden Kräutertee.

KRISTALLE FÜR
DIE WIDDER-ZEIT

SELBSTVERTRAUEN

Hessonit   Selbstsicherheit entsteht aus unerschütterlichem Selbstvertrauen. Der Hessonit besitzt eine kraftvoll aktivierende Energie, die Ihren Mut stärken kann. Eine ähnliche Wirkung erzielen Sie mit grünem Aventurin, Orangencalcit oder Malachit.

BEHERZT LEBEN

Rosa Aventurin   Wenn die Zeit reif ist für kühne Taten, kann der rosa Aventurin Ihnen helfen, Ihr nächstes Abenteuer zu bestehen. Dieser temperamentvolle Kristall verbindet Sie mit Ihrem Herzzentrum und ist Ihr bester Komplize in Sachen Mut, Kühnheit, aber auch Spaß. Alternativ könnten Sie Rubin, Mandarinenquarz oder Sardonyx wählen.

ANTRIEB

Feuerachat   Wenn die Widder-Zeit das Fahrzeug ist, mit dem Sie Ihre Leidenschaften und Wünsche ansteuern, dann ist Feuerachat der Brennstoff. Ganz gleich, ob Sie ein wichtiges Projekt in Angriff nehmen oder einfach nur den Frühjahrsputz angehen möchten: Bringen Sie sich auf den richtigen Weg, indem Sie sich mit der Schwingung dieses wilden Kristalls synchronisieren. Alternativ eignen sich Heliotrop, Stromatolith oder Cinnabarit (Zinnober).

GELD UND SELBSTWERT

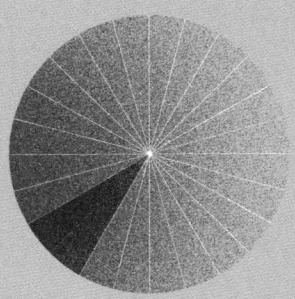

Wie Gartenarbeit mit Blüte und Ernte belohnt wird, steht der Stier für anhaltende Bemühungen, die zu einer Belohnung führen. Dies ist die beste Zeit, um sich auf Ihren persönlichen Wert zu konzentrieren. Dadurch kann Ihr Selbstbewusstsein wachsen, auf anderer Ebene kann es eventuell darum gehen, über Sicherheit und Finanzen nachzudenken. Die Schönheit des Lebens hat in der Stier-Zeit ebenfalls ihren Stellenwert, denn sie erinnert uns, egal, was passiert, an die einfachen Freuden.

WASSERMANN-HOROSKOP FÜR DIE STIER-ZEIT

Die Sonne beleuchtet den Sektor der zarten Gefühle, des Heims und der Familie. Während dieser introspektiven Jahreszeit könnten Sie Ihr Zuhause auf Vordermann bringen oder sich mit einem lange vermissten Familienmitglied treffen. Vielleicht möchten Sie diese Zeit aber auch einfach allein verbringen und Ihren Gefühlen und Emotionen freien Lauf lassen.

Übung für den Morgen	Übung für den Abend
Machen Sie sich drei Dinge bewusst, für die Sie dankbar sind.	Tun Sie Ihrem Körper etwas Gutes, vielleicht mit Dehnübungen oder weicher, gemütlicher Kleidung.

KRISTALLE FÜR
DIE STIER-ZEIT

GELD

Grüne Jade   Ganz gleich, wie Ihre finanzielle Situation aussieht, grüne Jade wird sie verbessern. Als weicher und expansiver Wohlstandsstein, der den Geist besänftigt, wird er Sie dabei unterstützen, kluge Entscheidungen in Finanzdingen zu treffen. Greifen Sie zu ihm, wenn Sie sich nach einem Gefühl der Sicherheit sehnen. Sie könnten auch Pyrit, Smaragd oder Epidot verwenden.

SELBSTWERT

Roter Jaspis   Der rote Jaspis stärkt Ihr Selbstwertgefühl. Wählen Sie ihn, wenn Sie sich unsicher fühlen, wenn Ihr Selbstvertrauen einen Boost gebrauchen könnte oder wenn Sie sich in irgendeiner Weise widerstandsfähiger fühlen wollen. Dieser Heilstein wird Ihnen helfen, auf Ihren eigenen Wert und Ihre Fähigkeiten zu vertrauen. Probieren Sie alternativ Karneol, Chrysokoll oder roten Beryll.

FÜLLE

Grüner Apatit   Wenn Sie das Gefühl haben, dass Ihnen etwas in Ihrem Leben fehlt, z. B. Geld, Zeit, Energie, Schlaf oder Unterstützung, müssen Sie vielleicht Ihren Sinn für Fülle stärken. Die Stier-Zeit führt uns die Fülle der Natur vor Augen, und der grüne Apatit hilft, die eigenen Energiespeicher wieder aufzufüllen und sich zufriedener zu fühlen. Dasselbe bewirken gelber Turmalin, Uwarowit und Achat.

WERTE UND GEMEINSCHAFT

Die Energie der Zwillinge erinnert an eine Biene, die von Blüte zu Blüte fliegt. Dies ist eine Zeit für geistige Anregung, neue Ideen, Lernen, Kommunikation und Austausch. Nutzen Sie die Zeit der Zwillinge, um Denkmuster und Ihre Werte kritisch zu hinterfragen. Welche Einstellungen haben ausgedient? Was ist wirklich wichtig für Sie? Treten Sie mit anderen Menschen in Kontakt. Was können Sie von anderen lernen? Was können Sie anderen mitgeben? Es ist eine heitere und lebendige Zeit voller neuer Verbindungen.

WASSERMANN-HOROSKOP FÜR DIE ZWILLINGE-ZEIT

Drehen Sie die Lautstärke von Spaß, Glanz und Flair auf! In dieser glitzernden Zeit sind Sie aufgerufen, mutig Sie selbst zu sein. Sie haben der Welt eine Menge zu geben und mitzuteilen, also halten Sie sich nicht zurück. Andere Menschen werden von Ihrer einzigartigen Individualität inspiriert. Besinnen Sie sich auf das, was Ihnen Freude macht.

Übung für den Morgen	**Übung für den Abend**
Setzen Sie eine starke Absicht, um eine neue Denkweise zu entwickeln.	Stellen Sie sich vor dem Einschlafen vor, wie Sie sich auf einem Fest im Kreis Ihrer Lieben amüsieren.

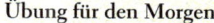

KRISTALLE FÜR DIE ZWILLINGE-ZEIT

ALTE DENKMUSTER ABLEGEN

Heliodor   Plagen Sie Sorgen oder Ängste? Nutzen Sie die revitalisierende Energie der Zwillinge und des Heliodors, um diese alten, schädlichen Denkmuster zu überwinden. Dieser Stein hilft Ihnen auf sanfte Weise, Ihre Gedanken zu harmonisieren und Ihre Ansichten zu korrigieren, damit Sie wieder zu Ihren wahren Werten finden. Alternativ können Sie auch Blue Lace Achat, Chromchalcedon oder Septarie verwenden.

VERBINDUNGEN

Achatisierte Koralle   Wollen Sie sich gesehen, gehört und verstanden fühlen, greifen Sie zu achatisierter Koralle (Röhrenachat). Sie gibt den Anstoß, auf andere zuzugehen und Beziehungen zu Freunden, Partner, Familie, Kollegen oder Nachbarn zu analysieren. Sie hilft, die Beziehungen zu den Menschen im Umfeld mit Optimismus zu betrachten. Alternativen: Citrin, Aprikosenachat oder Bismut.

KOMMUNIKATION

Aquamarin   Kommunikation schafft Verbindung und ermöglicht es uns, zu lernen und zu wachsen. Wenn Sie sich verwirrt oder wie in Nebel gehüllt fühlen, hilft Ihnen der Aquamarin, sich zu erden und zu festigen. Verwenden Sie ihn, um Ihre Stimme zu finden. Er hilft, sich auf Ihre eigene wahre Botschaft und die Wahrheit der Menschen um Sie herum einzustimmen. Stattdessen können Sie auch zu Türkis, Prärie-Tansanit oder grünem Chrysokoll greifen.

HEIM UND FÜRSORGE

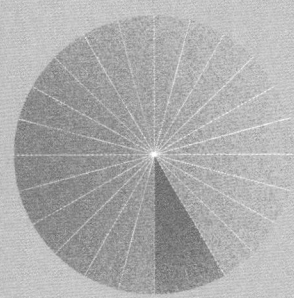

Dies ist eine Zeit der Heimkehr. Begeben Sie sich wie das Tiersymbol in eine schützende Hülle und denken Sie über Ihr Leben und Ihre Gefühle nach. Kümmern Sie sich in der Krebs-Zeit sinnvoll um sich selbst und setzen Sie Ihre Energie auch ein, um für andere zu sorgen. Finden Sie heraus, wie und wo Sie sich sicher und geborgen fühlen. Das kann Ihr eigenes Zuhause sein, Ihre engsten Beziehungen oder die Pflege der Gefühle und Bedürfnisse Ihres inneren Kindes.

WASSERMANN-HOROSKOP FÜR DIE KREBS-ZEIT

Achten Sie auf Details. Die Sonne bewegt sich durch Ihr Gebiet der Organisation, Gesundheit und Gewohnheiten. Alles, was mit den alltäglichen Aspekten des Lebens zu tun hat, steht auf dem Prüfstand. Was muss getan werden, damit die Dinge reibungsloser laufen? Sie haben jetzt die Energie, um kleine Veränderungen vorzunehmen, die eine große Wirkung haben.

Affirmation

ICH SORGE GUT FÜR MICH UND AKZEPTIERE MICH SO, WIE ICH BIN.

Übung für den Morgen	Übung für den Abend
Folgen Sie Ihrem inneren Kind: Was möchte es heute tun?	Bringen Sie Ihr inneres Kind mit einem Wiegenlied zur Ruhe.

KRISTALLE FÜR DIE KREBS-ZEIT

FÜRSORGE

Blauer Calcit   Worum möchten Sie sich kümmern: ein Kind? Um sich selbst? Ein kreatives Projekt? Ehrliche Fürsorge ist immer von Liebe inspiriert. Der blaue Calcit hilft, das Herzzentrum zu erweichen. So können Sie Ihre mitfühlende und aufmerksame Energie dort einsetzen, wo sie am meisten gebraucht wird. Ähnliche hilfreiche Kristalle sind Mondstein, blauer Chalcedon und Bienen-Jaspis.

ZUHAUSE

Manganocalcit   Das Heim ist Ihr emotionales Nest, wo Sie sicher und geschützt sind und sich entspannen können. Verwenden Sie Manganocalcit, um eine geerdete und friedliche Umgebung zu schaffen. Dieser Heilstein wirkt wie Balsam und hilft Ihnen, sich harmonisch zu fühlen. Legen Sie den Kristall in Ihre Wohnung und formulieren Sie die Absicht, Konflikte zu besänftigen und Ihre Umgebung zu beruhigen, damit Sie nach einem langen Tag oder einer anstrengenden Woche neue Energie tanken können. Probieren Sie auch Chiastolith, Rosenquarz oder Pfirsichmondstein.

FAMILIE

Bornit   Mit Bornit können Sie Ihre engsten Beziehungen – Familie oder Wahlverwandte – stärken. Dieser freudige Stein hilft, die positiven Aspekte des Familienkreises anzunehmen, während er Sie gleichzeitig erdet und Sie an Ihren Wert als Individuum erinnert. Alternativ können Sie Orangencalcit, Indigo Gabbro oder Girasol verwenden.

KREATIVITÄT UND SPASS

Die Phase des Löwen ist optimal, um Ihre Kreativität einzusetzen und Ihr wahres Ich auszudrücken. Es geht um spielerisches Teilen und kreatives Strahlen. Zeigen Sie Ihr Herz aus Gold durch Direktheit, Freiheit, Spontaneität, Großzügigkeit und viel Sinn für Spaß. Erinnern Sie sich in dieser Zeit des Selbstausdrucks daran, wie einzigartig Sie sind. Machen Sie sich Gedanken darüber, was Sie inspiriert, und überlegen Sie, was Sie an sich selbst am meisten lieben.

WASSERMANN-HOROSKOP FÜR DIE LÖWE-ZEIT

Richten Sie Ihre Aufmerksamkeit auf Ihre wichtigen Beziehungen. Die Sonne bewegt sich durch die Zone der Partnerschaft und beleuchtet die wichtigsten Menschen in Ihrem Leben.

Gibt es Dinge, die unausgesprochen geblieben sind? Grenzen, die gesetzt werden müssen? Wertschätzung, die Sie ausdrücken möchten? Sagen Sie, was Sie auf dem Herzen haben.

Übung für den Morgen	Übung für den Abend
Planen Sie täglich etwas Kreatives.	Finden Sie täglich einen Grund zum Lachen und gehen Sie lächelnd ins Bett.

KRISTALLE FÜR
DIE LÖWE-ZEIT

INSPIRATION

Rutilquarz Inspiration ist der kreative Funke, den Sie mit dem Rutilquarz in ein loderndes Feuer verwandeln können. Greifen Sie zu ihm, wenn Sie eine pfiffige Lösung für ein berufliches Problem suchen, wenn Ihr Liebesleben einen inspirierenden Impuls gebrauchen könnte oder wenn Sie den Künstler in sich wecken möchten. Formulieren Sie Ihre Absichten und lassen Sie diesen gut programmierbaren Stein die Fackel Ihrer Träume tragen. Sie können auch Sonnenstein, gelben Labradorit oder gelben Saphir verwenden.

SELBSTWERT

Thulith In der Zeit des Löwen können Sie Unsicherheiten und Selbstkritik getrost ablegen und auf Ihr wahres Selbst vertrauen. Thulith stimmt Sie auf die Schwingung von Liebe, Frieden und Harmonie ein und ermöglicht es Ihnen, präsent und ganz authentisch zu sein. Greifen Sie alternativ zu Rubin, Larimar oder Wüstenjaspis.

MUT

Gelber Apatit Das Löwenherz ist mutig! Der gelbe Apatit verleiht Ihnen Leidenschaft, aber auch die Fähigkeit, unbegründete Ängste zu erkennen und zu entkräften. Verwenden Sie ihn, wenn Sie bei der Arbeit ein Risiko eingehen, ein Gespräch mit jemandem beginnen, den Sie bewundern, oder Ihre Werte verteidigen müssen. Andere Mut machende Kristalle sind Karneol, Iolith-Sonnenstein oder Citrin.

GESUNDHEIT UND GEWOHNHEITEN

Unsere Ziele und Träume erfordern einen Blick auf das große Ganze, aber die Jungfrau erinnert uns daran, dass das Leben eigentlich im Kleinen gelebt wird. Konzentrieren Sie sich auf Ihre Lebensführung, auf Ihre täglichen Routinen und Rituale. Was ist Ihnen auf einer praktischen Ebene wichtig? Die Jungfrau-Energie hilft Ihnen, die eigene Gesundheit und Gewohnheiten unter die Lupe zu nehmen und möglichst auch andere zu unterstützen.

WASSERMANN-HOROSKOP FÜR DIE JUNGFRAU-ZEIT

Die Zeit ist reif für Veränderungen. Die Sonne erhellt Ihren Bereich der Erneuerung. Es ist an der Zeit, die Vergangenheit loszulassen, Gefühle wahrzunehmen, zu verzeihen und loszulassen. Dieser Prozess schafft Platz für Neuanfänge und emotionale Wiedergeburt. Lassen Sie in dieser zarten Zeit Ihren Gefühlen freien Lauf und gehen Sie ehrlich mit ihnen um.

Übung für den Morgen	Übung für den Abend
Beginnen Sie den Tag mit einem Glas Wasser.	Notieren Sie eine Aufgabe, die Sie am nächsten Tag erledigen wollen, und tun Sie es.

KRISTALLE FÜR DIE
JUNGFRAU-ZEIT

KONZENTRATION

Bergkristall Beschäftigen Sie sich in der Jungfrau-Zeit mit Kleinigkeiten. Der reinigende Bergkristall hilft Ihnen, Ihre Aufmerksamkeit auf Ihre Verpflichtungen zu lenken. Wenn Sie den Quarz mit der Absicht programmieren, sich zu konzentrieren, werden Sie feststellen, dass er Sie unterstützt, egal, ob Sie ein Projekt mit einer knappen Deadline haben oder einfach nur bei der Sache bleiben müssen. Dasselbe können Sie mit Vanadinit, Amazonit oder Tigereisen erreichen.

GESUNDHEIT

Chevron-Amethyst Gute Gesundheit hängt von vielen Faktoren ab: Genetik, Ernährung, Bewegung, Zugang zu medizinischer Versorgung und mehr. Die Energie der Jungfrau wird Sie dazu ermutigen, Vorsorge für Ihr geistiges Wohlbefinden und Ihre körperliche Gesundheit zu betreiben. Dabei motiviert der Chevron-Amethyst, gesündere Entscheidungen mit Freude zu treffen. Alternativ versuchen Sie es mit Girasol, Fuchsit mit Rubin oder schwarzem Turmalin.

SELBSTLOSIGKEIT

Stromatolith Ohne Hilfsbereitschaft wäre der Mensch evolutionär nicht so erfolgreich. In der Jungfrau-Zeit stärkt der Stromatolith Freundlichkeit und Selbstlosigkeit. Was können Sie tun, um anderen zu helfen, sei es durch ehrenamtliche Tätigkeit, eine Spende für einen guten Zweck oder einfach durch ein Lächeln und Freundlichkeit? Ähnliche Unterstützung bieten Stichtit, Rhodonit oder Rosenquarz.

BEZIEHUNGEN UND GLEICHGEWICHT

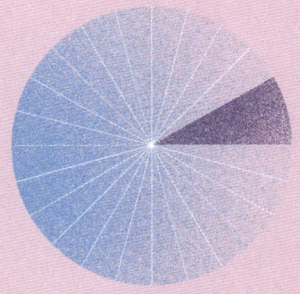

Die Waage steht für das Gleichgewicht. Nutzen Sie die Waage-Zeit für alle Lebensbereiche. Sind Ihre Beziehungen im Gleichgewicht? Haben die Menschen in Ihrem Umfeld, was sie wollen und brauchen? Die Waage-Zeit eignet sich auch gut, um neue Kontakte zu knüpfen oder durch Kunst, Dekoration und Ordnung ein Gleichgewicht in der räumlichen Umgebung zu schaffen. Die Waage ist das Symbol für Gerechtigkeit, und die Waage-Zeit bringt eine kollektive Sehnsucht mit sich, die Regierungssysteme gerechter zu gestalten und Ungleichheiten etwas entgegenzusetzen.

WASSERMANN-HOROSKOP FÜR DIE WAAGE-ZEIT

Das Abenteuer lockt. Die Welt ist groß, und es gibt viel zu lernen. Die Sonne durchquert Ihren Sektor der Expansion und Philosophie. Sie können auf Entdeckungsreise gehen, neue Orte sehen und andere Lebensweisen entdecken. Oder Sie können ein gutes Buch aufschlagen und von zu Hause aus etwas über das Leben lernen. Seien Sie bereit, Ihren Geist zu öffnen.

Übung für den Morgen

Schreiben Sie jemandem,
warum er oder sie
Ihnen wichtig ist.

Übung für den Abend

Meditieren Sie,
um geistiges Gleichgewicht
zu finden.

KRISTALLE FÜR
DIE WAAGE-ZEIT

GESUNDE GRENZEN

Iolith   Klarheit in Beziehungen hat damit zu tun, die eigenen Wünsche und Bedürfnisse auszudrücken. Der Iolith (auch: Cordierit) kann helfen, sich selbst kennenzulernen – was wichtig ist, bevor man seine Vorstellungen mit anderen teilt. Sobald Ihre innere Basis stabil ist, kann der Iolith Ihnen helfen, auf andere zuzugehen und dabei gleichzeitig Ihre eigenen gesunden Grenzen zu wahren. Dieser Heilstein hat eine friedliche Energie, die helfen kann, ein Gleichgewicht in Partnerschaften herzustellen. Sie können stattdessen Amazonit, violette Jade oder Chiastolith (Kreuzstein) verwenden.

GLEICHGEWICHT

Shungit   Gleichgewicht ist eigentlich kein Zustand, sondern Aktivität, weil es ständig Anpassungen erfordert. Es fällt in den Zuständigkeitsbereich des intellektuellen, analytischen Zeichens Waage. Prüfen Sie während der Waage-Zeit immer wieder selbst, in welchem Bereich mehr Gleichgewicht nötig ist. Der Shungit kann Stabilität verleihen. Alternativ wählen Sie Diopsid, Selenit oder Türkis.

ENTSCHLUSSKRAFT

Ametrin   Die Waage-Zeit ist ideal, um Dinge gut zu durchdenken und neue Ideen zu entwickeln. Ein Ametrin auf dem Schreibtisch ist hilfreich, um produktiv zu planen oder wichtige Entscheidungen zu fällen. Dieser ausgleichende Stein wird Ihnen helfen, Ihr Leben auf Kurs zu halten. Versuchen Sie es ansonsten mit Variscit, Fluorit oder weißem Saphir.

VERÄNDERUNG UND VERGEBUNG

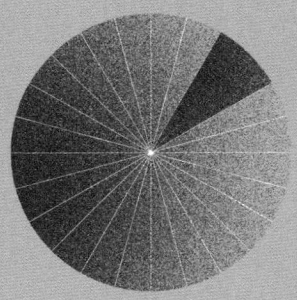

Die Skorpion-Zeit ist eine Phase emotionaler, körperlicher und geistiger Tiefe. Es ist eine Phase der Transformation, in der es Ihnen leichter fällt, verfestigte Gefühle und Gedankenmuster loszulassen und sich auf die nächste Stufe vorzubereiten. Indem Sie Überholtes ablegen und sich selbst schonungslos ehrlich betrachten, können Sie auch Ihre Beziehungen zu anderen vertiefen. Das gelingt, wenn Sie anderen erlauben, Ihr wahres Ich kennenzulernen.

WASSERMANN-HOROSKOP FÜR DIE SKORPION-ZEIT

Die Sonne erhellt den Bereich Ihrer Arbeit. Karriere und Berufung verlangen nach Aufmerksamkeit. Sie werden große Schritte machen oder eine neue Richtung finden. Gehen Sie strategisch vor und achten Sie darauf, dass Ihre Energie produktiv eingesetzt wird. Jetzt ist der richtige Zeitpunkt, um verbindliche Pläne zu schmieden und Prioritäten zu setzen.

KRISTALLE FÜR
DIE SKORPION-ZEIT

INTIMITÄT

Rubellit   Die Zeit des Skorpions ermuntert Sie, Wärme und
Nähe zu schaffen. Intimität zuzulassen, erfordert aber Mut.
Ob es dabei um sexuelle oder emotionale Intimität geht:
Der Rubellit (roter Turmalin) verhilft Ihnen zu ausreichend
Selbstbewusstsein, um eine tiefe Verbindung mit anderen
einzugehen. Andere Kristalle für mehr Intimität sind Granat,
Shiva Lingam oder roter Aventurin.

VERÄNDERUNG

Moldavit   Veränderung ist mit Ende und Neuanfang verbunden. Moldavit hilft Ihnen, sich spirituell und emotional
anzupassen, wenn Sie an Wendepunkten in Ihrem Leben
stehen; wenn eine Beziehung zu Ende geht, eine Veränderung im Beruf ansteht oder ein Abenteuer ruft. Bei subtileren
Veränderungen wie dem Ablegen einer alten Gewohnheit
hilft der Moldavit, sich leichter auf die neue Realität einzustellen. Ähnlich wirken Shungit, Moosachat oder Tugtupit.

VERGEBUNG

Dioptas   Ob Sie nun freundlicher zu sich selbst sein oder
einen Schmerz loslassen wollen, den Ihnen jemand zugefügt
hat – Vergebung ist immer ein Prozess. Vergebung zu finden,
erfordert Selbstliebe, Selbstwert und Verständnis. Dioptas
kann Ihnen helfen, Vergebung zu üben, indem er Sie mit
seinen sanften und liebevollen Schwingungen unterstützt.
Sie könnten auch schwarzen Mondstein, Rhodochrosit oder
rosa Turmalin zu diesem Zweck verwenden.

WEISHEIT
UND FREIHEIT

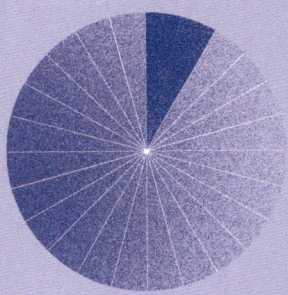

Der Bogenschütze schießt seinen Pfeil hoch und weit.
Manchmal wird das Sternzeichen auch als Zentaur
dargestellt – halb Pferd/halb Mensch, halb wild/halb
philosophisch. In der Schütze-Zeit fühlt man sich ungestüm
und lebendig und will gleichzeitig große existenzielle
Fragen stellen. In dieser Phase erweitert man seine Grenzen
und reist körperlich oder geistig, um mehr über die Welt
und die menschliche Existenz zu erfahren.

WASSERMANN-HOROSKOP
FÜR DIE SCHÜTZE-ZEIT

Pflegen Sie Ihre Hoffnungen und
Träume. Denken Sie nicht an das
Wahrscheinliche, sondern lassen Sie
Ihrer Fantasie Raum, denken Sie über
alles Mögliche nach. Ihre innovative
Natur kann jetzt glänzen, weil die
Sonne Ihre Bestrebungen und Visionen
für die Zukunft ins Rampenlicht rückt.

Übung für den Morgen

Gehen Sie in der Natur
spazieren oder joggen.

Übung für den Abend

Prägen Sie sich ein
inspirierendes Zitat ein.

**KRISTALLE FÜR
DIE SCHÜTZE-ZEIT**

INNERE WEISHEIT

Azurit   Der Schütze weiß: Um richtig zu zielen, muss er
seiner inneren Weisheit vertrauen. Wer mit seinem wahren
Selbst verbunden ist, trifft Entscheidungen leichter. Das
Leben fühlt sich insgesamt befriedigender an. Der Azurit
kann helfen, Ihr Selbstvertrauen zu stärken und Sie auf Ihre
Weisheit einzustimmen. Dafür können Sie auch Idokras,
Shattuckit oder Amethyst einsetzen.

EXPANSION

Jaspis   Der Schütze steht unter der Herrschaft des Riesen-
planeten Jupiter und ist das Zeichen der Ausbreitung. In der
Schütze-Zeit können Sie Ihre Grenzen überschreiten. Gibt
es einen Lebensbereich, in dem Sie sich eingeengt fühlen?
Vielleicht erkennen Sie bei genauerem Hinsehen, dass eine
Tür hinaus schon lange offen steht. Spüren Sie die Freiheit
mithilfe des Jaspis. Der belebende Stein wird Sie unterstützen, neue Wege zu beschreiten. Ebenso geeignet sind blauer
Topas, rosa Chalcedon oder roter Iolith.

ABENTEUER UND REISEN

Türkis   Auf der Suche nach neuen Horizonten ist der Türkis
ein guter Talisman, der Schutz und Glück verheißt. Reisen
und Abenteuer erfordern Mut und Kühnheit, erweitern aber
auch den Horizont und verändern Einstellung und Denken.
Lassen Sie sich vom Türkis begleiten, wenn Sie über Ihre
Grenzen hinausgehen, um sich Aufregung, neuen Möglichkeiten oder Erkenntnissen zu stellen. Sie könnten dazu auch
grünen Opal, Rauchquarz oder Aventurin verwenden.

KARRIERE
UND ZIELE

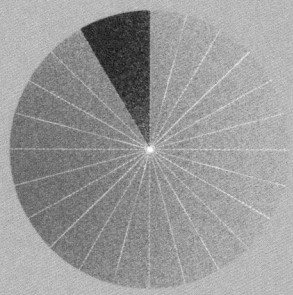

Wie eine Bergziege wählen Sie in der Steinbock-Zeit bei Ihrem Aufstieg sorgfältig einen Weg. Sie setzen die nächsten Schritte gezielt und kommen so sicher und produktiv vorwärts. Nutzen Sie die Steinbock-Energie effizient und taktisch. Sie sollten Antrieb und Ehrgeiz mit einer großen Portion Akzeptanz ausgleichen, sowohl sich selbst als auch anderen gegenüber. Und da Sie fortwährend Ihr Bestes geben, sollten Sie sich gelegentlich eine Pause gönnen.

WASSERMANN-HOROSKOP
FÜR DIE STEINBOCK-ZEIT

Für den Wassermann ist dies eine gute Zeit, eine Pause einzulegen und neue Energie zu tanken. Der nächste Monat hält eine extrovertierte Jahreszeit bereit, auf die Sie sich mit einer Innenschau vorbereiten können. Was fühlen Sie gerade? Wie können Sie sich selbst beruhigen und zentrieren? Brauchen Sie mehr Erholung? Lassen Sie sich treiben und träumen Sie.

Übung für den Morgen	Übung für den Abend
Schreiben Sie Ihre Ziele auf.	Überlegen Sie, was Sie schon erreicht haben.

**KRISTALLE FÜR
DIE STEINBOCK-ZEIT**

ZIELE ERREICHEN

Fluorit   In der Steinbock-Zeit sollten Sie die Dinge Schritt für Schritt angehen und dabei Ihre großen Ziele im Auge behalten. Dabei unterstützt Sie der Fluorit. Seine Schwingung kann Ihnen helfen, sich zu konzentrieren und gleichzeitig Energie zu tanken, damit Sie leichter vorankommen können. Sie könnten stattdessen Ozean-Jaspis, Septarie oder Tigerauge verwenden.

BERUF

Katzenauge   Die Zeit ist jetzt günstig, um Bilanz zu ziehen. In beruflicher Hinsicht ist das Katzenauge wertvoll, denn es hilft, die eigenen Stärken zu erkennen – was für eine erfüllende Karriere unabdingbar ist. Es wird Sie dabei unterstützen, optimistisch zu sein und an sich selbst zu glauben. Die strukturierte Energie des Katzenauges hilft auch, Ihre persönlichen Grenzen zu benennen und zu akzeptieren und kluge finanzielle Entscheidungen zu treffen. Eine ähnliche Wirkung haben Andradit, Apatit oder Falkenauge.

SELBSTAKZEPTANZ

Blauer Aragonit   Die Steinbock-Zeit verlangt Fortschritt und Ergebnisse von Ihnen, was Sie dazu veranlassen könnte, das bereits Erreichte im Leben infrage zu stellen. Um sich davon nicht stressen zu lassen, sollten Sie sich so akzeptieren, wie Sie sind. Der blaue Aragonit inspiriert Sie mit seiner mitfühlenden Energie, sich weniger kritisch zu beurteilen und sich freundlich anzunehmen. Andere Kristalle für Selbstakzeptanz sind Prasiolith, Amethyst oder Shungit.

FREUNDSCHAFT
UND WEITSICHT

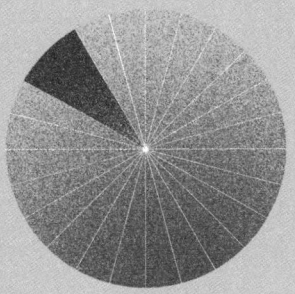

In der Wassermann-Zeit stehen Menschen und Ideen im Vordergrund. Was sind Ihre großen Ideen für die Zukunft? Wer gehört zu Ihrem engen Umfeld? Ihre persönliche Vision könnte auch eine Vision für die Menschheit sein. Überlegen Sie, wofür Sie Zeit, Geld und Ressourcen zur Verfügung stellen könnten. Ihre Freunde, Gemeinschaften und sozialen Gruppen sind in dieser Phase des Jahres besonders wichtig, also setzen Sie die Priorität entsprechend.

WASSERMANN-HOROSKOP
FÜR DIE WASSERMANN-ZEIT

Dies ist Ihre besondere Zeit! Mit der Sonne in Ihrer Persönlichkeits- und Identitätszone können Sie glänzen. Seien Sie spontan und frei. Tun Sie einfach, was Ihnen Freude bereitet.

Vielleicht möchten Sie Ihr Aussehen verändern oder ein neues Hobby ausprobieren. Haben Sie keine Angst davor, ein bisschen schräg zu sein, das macht Sie schließlich aus.

Übung für den Morgen	Übung für den Abend
Gestalten Sie eine Visionscollage und schauen Sie morgens als Erstes darauf.	Führen Sie mit einem Freund ein gehaltvolles, intensives Gespräch.

KRISTALLE FÜR DIE WASSERMANN-ZEIT

FREUNDSCHAFT

Bismut Wenden Sie sich in der Wassermann-Zeit Ihrer Gemeinschaft zu. Was können Sie anbieten? Was werden Sie erhalten? Freunde bereichern Ihr Leben in vielerlei Hinsicht, vor allem aber fördern sie Ihr Gefühl der Zugehörigkeit. Das hebt die Stimmung. Bismut hat eine expansive Energie, die Ihnen hilft, sich mit anderen zu verbinden. Tragen Sie Bismut bei sich, um sich stets daran zu erinnern, dass Sie eingebunden sind. Sie könnten auch zu Karneol, Sonnenuntergang-Sodalith oder blauem Apatit greifen.

GLAUBE AN DIE ZUKUNFT

Cavansit Die Zukunft ist ungewiss. Manchmal brauchen Sie etwas Nachhilfe in Zuversicht, um auf Ihre Möglichkeiten zu vertrauen. In diesem Fall sollten Sie zu Cavansit greifen. Dieser Heilstein kann Ihnen mit seiner positiven Ausstrahlung den Mut geben, an Ihre verwegensten Zukunftsträume zu glauben. Gute Alternativen sind Peridot, Muskovit oder Auralith-23.

STIMMUNGSAUFHELLUNG

Apophyllit Unterdrücken Sie belastende oder widerstreitende Gefühle nicht – sie sind wichtig und müssen verarbeitet werden –, aber schenken Sie im Gegenzug den positiven Dingen in Ihrem Leben besondere Aufmerksamkeit. Dabei kann Ihnen der weiße oder grüne Apophyllit helfen. Der hochschwingende Kristall kann die Stimmung heben und Ihnen helfen, auf Ihr Potenzial zu vertrauen. Sie könnten auch einen Quarz, Hämatit oder Angelit ausprobieren.

INTUITION UND SPIRITUALITÄT

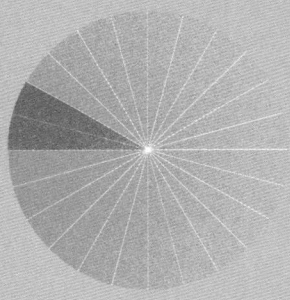

Die mystischste aller astrologischen Zeiten ist die der Fische. Stimmen Sie sich jetzt auf Ihre Intuition ein. Gleiten Sie wie ein schlüpfriger Fisch in die Sphäre Ihrer Träume, Ihres Glaubens, Ihrer Spiritualität, Ihres Mitgefühls und Ihrer Kreativität. Es ist auch eine Phase der Ruhe, der Besinnung und des Blicks nach innen. Finden Sie wieder Zugang zu Fantasie, Emotionen oder was auch immer Ihnen das Gefühl gibt, mit dem Universum verbunden zu sein.

WASSERMANN-HOROSKOP FÜR DIE FISCHE-ZEIT

Obwohl die Sonne durch das verträumte Zeichen Fische wandert, stehen Wassermann-Menschen gern auf solidem Boden. Die Sonne durchquert Ihren Bereich des Geldes, der Ressourcen und des Selbstwerts. Überprüfen Sie Ihre Finanzstrategie. Entdecken Sie, was Sicherheit für Sie bedeutet. Stärken Sie Ihr Selbstvertrauen und damit Ihre Leistungsfähigkeit.

Übung für den Morgen	Übung für den Abend
Schreiben Sie auf, was Sie geträumt haben.	Schreiben Sie auf, was immer Ihnen hilft, den Kopf freizubekommen.

KRISTALLE FÜR DIE FISCHE-ZEIT

MITGEFÜHL

Lavendelquarz   Dieser Heilstein stärkt das Verständnis für andere Menschen. Er verleiht die nötige Sanftheit, um sich für die Sichtweisen anderer zu öffnen und kritische Situationen mit einem feinen Sinn für Empathie aufzulösen. Dieser beruhigende und heilende Stein kann Ihnen Kraft geben, während Sie sich in andere hineinversetzen. Mitgefühl ist ein Garant für ein erfülltes Leben. Verwenden Sie für denselben Zweck Thulit, Prehnit mit Epidot oder Fluorit.

INTUITION

Rosa Opal   Wer auf sein inneres Leitsystem vertraut, findet ultimative Klarheit. Nutzen Sie die Kraft Ihrer Intuition in der Fische-Zeit mithilfe des rosa Opals. Dieser Heilstein hilft Ihnen, sich mit sich selbst und mit Ihren Vorbildern zu verbinden. Er verstärkt Ihr gefühltes »Ja« oder »Nein«, indem er alle Ablenkungen ausblendet und Sie in Kontakt mit Ihrem Inneren bringt. Andere gute Kristalle zur Betonung der Intuition sind Bergkristall, Moldavit oder Dumortierit.

GLAUBE

Celestit   Glaube bedeutet uneingeschränktes Vertrauen in jemanden oder etwas. Glaube hilft, Ängste zu überwinden. Vertrauen und Zuversicht müssen aber von innen kommen. Nutzen Sie die Fische-Zeit und die Kraft des hochschwingenden Celestits, um unnötige Ängste zu überwinden und Ihr Vertrauen in etwas Größeres zu setzen. Sie können es auch mit Vatikanstein, Apophyllit oder Türkis versuchen.

MONDENERGIE UND BEWEGUNG DES MERKURS

DER MONDZYKLUS

In der Astrologie ist der Mond ein persönlicher Katalysator, der uns hilft, unsere Ziele und Absichten voranzubringen.

Der 29-tägige Mondzyklus beginnt mit Dunkelheit. Dann zeigt sich eine schmale Sichel, die bis zum Vollmond anschwillt. Dieser Prozess von der Dunkelheit bis zum Vollmond spiegelt die Entwicklung Ihres eigenen kreativen Prozesses wider. Dann nimmt der Mond ab, bis er (scheinbar) ganz verschwindet, was eine weitere Phase des schöpferischen Zyklus widerspiegelt: das Loslassen und Nachlassen Ihrer Bemühungen, um Raum für den Beginn eines neuen Zyklus zu schaffen, in dem neue Gedanken und Ideen entstehen können.

Jede der acht Phasen des Mondzyklus liefert eine andere Art von Energie. Sie können dem Zyklus mit Kristallen folgen und ihn verstärken, indem Sie Ihre Absichten auf den Neumond abstimmen und sich vom Mondzyklus helfen lassen, diese Absichten in die Tat umzusetzen. Der Mondzyklus hilft Ihnen auch dabei, sich zu reinigen und Belastendes loszulassen, damit Sie sanft und befreit in die nächste Phase übergehen können.

Durch die Arbeit mit Kristallen, etwa Visualisierung oder Meditation, können Sie das Potenzial des Mondes nutzen und seine Energie verstärken. Für jede Phase empfehlen sich andere Kristalle, Sie können für die vorgeschlagenen Rituale aber auch Ihren Lieblingsstein verwenden.

Sonne

Neumond

zunehmender
Sichelmond

abnehmender
Sichelmond

erstes Viertel

drittes Viertel

Erde

zunehmender
Dreiviertelmond

abnehmender
Dreiviertelmond

Vollmond

NEUE ABSICHTEN FORMULIEREN

Der Mond ist im Moment dunkel. Jetzt ist Zeit zur Reflexion, um sich mit dem inneren Selbst zu verbinden. Was wünschen Sie sich? Wovon träumen Sie? Alles ist möglich – stellen Sie sich vor, dass Sie die Samen Ihrer Absichten pflanzen, die während der zunehmenden Mondphase wachsen werden. Der Neumond ist eine bedächtige und emotionale Zeit. Vielleicht werden Sie feststellen, dass viele verschiedene Gefühle sich Bahn brechen, wenn Sie darüber nachdenken, was Sie gern erschaffen würden. Aufregung, Vorfreude, Angst, Sorge – welche Gefühle auch immer sich einstellen, geben Sie ihnen Raum und seien Sie sanft zu sich selbst. Hören Sie auf Ihre Intuition und stellen Sie sich Ihre nächsten Schritte vor.

Schwarzer Mondstein kann Sie während der subtilen Neumondschwingung unterstützen. Er schenkt Ihnen Geduld und Frieden, wenn Sie über Ihre Gefühle und Ihr Leben nachdenken. Wenn Ihre Träume unter der Oberfläche zart keimen, kann der schwarze Mondstein Ihnen helfen, auf das Aufgehen der Saat zu vertrauen.

Labradorit öffnet Ihr Drittes Auge, sodass Sie sich auf Ihre Intuition einstimmen und Ihre Ziele entsprechend Ihrer Bestimmung gestalten können.

Rosa Saphir kann Sie mit liebevoller Energie abfedern und Ihnen helfen, sich emotional wohlzufühlen.

Ametrin sorgt für Freude und Konzentration, sodass Sie Ihre Absichten mit Zuversicht formulieren können.

VERTRAUEN, INSPIRATION, GELASSENHEIT UND FREUDE

Ritual bei Neumond

Schreiben Sie auf, wonach Sie sich sehnen und was Ihnen auf dem Herzen liegt. Dann schreiben Sie Ihre Absichten für den aktuellen Mondzyklus auf ein Blatt Papier und legen Ihren gewählten Kristall darauf.

ABSICHTEN VERSTÄRKEN

Die Samen Ihrer Absichten keimen zunächst unter der Erde, und vielleicht beginnen einige der Pflanzen gerade zu sprießen. Während die Mondenergie an Schwung gewinnt, sollten Sie sicherstellen, dass Sie über die nötigen Ressourcen verfügen, um Ihre Ziele zu erreichen. Sorgen Sie für Struktur und stärken Sie sich selbst. Dieser Zyklus beginnt gerade erst, Gestalt anzunehmen. Überlegen Sie also, wie Ihre Entscheidungen Ihre Richtung bestimmen werden – vielleicht gibt es noch Änderungen oder Korrekturen, die Sie an Ihren Zielen vornehmen möchten. Bleiben Sie während dieses Prozesses neugierig und flexibel, denn alles ist möglich!

Türkis ist ein starker Kristall, der Sie durch die schwierige Phase der zunehmenden Sichel tragen kann. Sie brauchen jetzt Vertrauen, klares Urteilsvermögen, Neugier und Engagement. Der Türkis kann Ihnen helfen, die Wahrheit dessen zu verstehen, was Sie erschaffen müssen, und gegenüber dem Prozess offen zu bleiben. Verwenden Sie diesen Stein bei der Entscheidung, was Sie in diesem Mondzyklus unbedingt umsetzen wollen.

Shattuckit hilft, den vor Ihnen liegenden Weg intuitiv zu beleuchten, sodass Sie Entscheidungen fällen, die für Sie richtig sind.

Pyrit ist ein schützender Kristall und eine gute Hilfe bei der Verwirklichung Ihrer Ziele.

Orangencalcit verbessert die Konzentration und schenkt Energie für das, was vor Ihnen liegt.

WAHRHEIT, INTUITION, VERWIRKLICHUNG UND KONZENTRATION

Ritual bei zunehmender Sichel

Lesen Sie Ihre Absichten für diesen Mondzyklus und schreiben Sie sie – eventuell angepasst – erneut auf. Verzieren Sie das Papier und legen Sie wieder den gewählten Kristall darauf.

DIE DYNAMIK VERSTÄRKEN

Schauen Sie sich in Ihrem Garten der Absichten um. Was wächst bereits? Haben Ihre Ziele begonnen, Gestalt anzunehmen? Falls ja, wie kommen Sie voran? Brauchen Sie mehr Unterstützung? Sehen Sie vielleicht überraschende Ergebnisse? Beim ersten Viertelmond kann die Realität Sie einholen. Ihre großen Träume stoßen möglicherweise an die Grenzen des Machbaren. Vielleicht ist mehr Einsatz erforderlich, als Sie geplant hatten, oder es treten Probleme mit Zeit, Geld, Unterstützung oder anderen Ressourcen auf. Ermutigen Sie sich selbst und bewerten Sie neu, wenn es nötig ist. Dies ist eine bewegte, energiereiche Phase, also bleiben Sie aktiv und verstärken Sie allmählich die Dynamik.

Bienen-Jaspis kann helfen, selbstbewusst Kurs zu halten, wenn Träume und Wirklichkeit aufeinanderprallen. Er spendet die Energie, um Widerständen zum Trotz voranzuschreiten, verringert Ängste und regt an, die Komfortzone zu verlassen.

Peridot hilft mit seiner heiteren Energie, jede Situation optimistisch zu betrachten.

Mandarinenquarz stärkt das kreative Potenzial und hilft so, Probleme mit Leichtigkeit zu lösen.

Aventurin vitalisiert und vermittelt das nötige Selbstvertrauen, um bei der Sache zu bleiben.

SELBSTVERTRAUEN,
OPTIMISMUS, KREATIVITÄT
UND VITALITÄT

Ritual zum ersten Viertel

Zünden Sie eine Kerze an, halten Sie den von Ihnen gewählten Kristall in der Hand und sehen Sie vor Ihrem inneren Auge, wie Ihre Absichten verwirklicht werden.

ABSICHTEN WEITERENTWICKELN

Es ist erstaunlich, was ein wenig Anstrengung bewirken kann! Bei zunehmendem Dreiviertelmond beginnen Sie, die Auswirkungen Ihrer Vorsätze zu erkennen. Wenn Ihr Ziel darin bestand, Ihre Ernährung zu verbessern, fühlen Sie sich jetzt vielleicht schon besser. Wenn Sie neue Kontakte knüpfen wollten, haben Sie vielleicht schon ein paar Gespräche geführt. Jetzt ist es an der Zeit, die Ärmel hochzukrempeln und Ihren Garten aktiv zu gestalten. Was werden Sie ausmustern? Was funktioniert, was nicht? Welche Änderungen könnten Sie vornehmen? Die Intensität hat fast ihren Höhepunkt erreicht, also kümmern Sie sich um Ihr emotionales Wohlbefinden, während Sie weiter Ihre Träume im Blick behalten.

ERDUNG, SCHUTZ, BEGEISTERUNG UND INNERE RUHE

Jet hilft mit seiner erdenden Energie, dass Ihre sprießenden Absichten kräftige Wurzeln entwickeln. Wenn Sie zum Vorankommen viel Kraft und Motivation brauchen, kann dieser Stein nützlich sein. Mit seinen schützenden Schwingungen sorgt er für emotionale Stabilität und hilft Ihnen, voller Hoffnung und Optimismus voranzuschreiten.

Hämatit wirkt ebenfalls schützend und ausgleichend. Er unterstützt Sie in dieser Phase dabei, gut für sich selbst zu sorgen.

Karneol facht Ihre Begeisterungsfähigkeit an und macht es Ihnen leichter, Ihre kreative Seite zu nutzen.

Blue Lace Achat beruhigt den Geist und hilft dabei, fundierte Entscheidungen zu treffen.

Ritual bei zunehmendem Dreiviertelmond

Halten oder tragen Sie den Kristall Ihrer Wahl und tun Sie etwas, das sich aktiv oder ausdrucksstark anfühlt, wie Tanzen, Malen, Gartenarbeit, Kochen oder Singen. Stellen Sie sich Ihre Ziele vor und sprechen Sie Ihre Absichten laut aus.

VOLLMOND
ERNTE

Das Licht des Monds legt alles offen: Ihre Bemühungen, Erfolge und Niederlagen. Nun ist es Zeit für die Ernte. Unabhängig davon, ob der Ertrag Ihren Erwartungen entspricht, gibt es etwas zu feiern. Würdigen Sie, was Sie geschaffen haben, und danken Sie sich selbst für Ihren Einsatz. Diese Phase steht für das Aufeinandertreffen zweier entgegengesetzt wirkender Energien, da der Mond im der Sonne entgegengesetzten Zeichen steht. So entsteht eine polarisierte und intensive Energie, die Emotionen verstärkt, Sie in zwei verschiedene Richtungen ziehen oder Ihnen etwas Wichtiges bewusst machen kann. Gehen Sie in dieser Phase sehr sanft mit sich selbst und Ihren Mitmenschen um.

AUSLOTEN VON EMOTIONEN, FÜLLE, FRIEDEN UND EMPFÄNGLICHKEIT

Weißer Mondstein symbolisiert den Vollmond mit all seiner Kreativität und Aufregung. Das helle Licht des Kristalls lässt Sie klarsehen. Wenn Sie die Früchte begutachten, die Sie während der Phase des zunehmenden Mondes kultiviert haben, nutzen Sie die aufnahmefähige und heilende Energie des weißen Mondsteins, um zu akzeptieren und zu feiern. Es ist Zeit für Dankbarkeit, und dieser beruhigende Kristall wird Ihnen helfen, sich diesem Gefühl zu öffnen.

Grüner Apatit ist ein Gegenpol zur Dramatik des Vollmonds. Er verstärkt Freude und Fülle.

Jade besitzt eine subtile, beruhigende Energie, die zu einer optimistischen Einstellung verhilft.

Stilbit verbindet Herz, Geist und Intuition. Dies kann helfen, Ihre Emotionen rational auszubalancieren und sich dennoch für höhere Einsichten zu öffnen.

Ritual bei Vollmond

Halten Sie Ihren Kristall und notieren Sie drei Dinge, für die Sie dankbar sind. Bei Vollmond können Sie auch Ihre Kristalle reinigen: Legen Sie sie draußen auf ein Fenstersims für ein Mondbad.

REFLEKTIEREN UND ZURÜCKBLICKEN

Jetzt, da die Intensität des enthüllenden Mondlichts nachlässt, können Sie sich tiefer in Ihre neue Realität einleben. Gönnen Sie sich etwas und genießen Sie es. Da der Mond mittlerweile von der zunehmenden zur abnehmenden Phase übergegangen ist, beginnt eine weniger aktive und empfänglichere Phase. Das bedeutet, dass Sie einfach in der verebbenden Fülle ausharren können. Beginnen Sie eine mitfühlende Rückschau. Was haben Sie gelernt? Was werden Sie im nächsten Mondzyklus anders machen? Jeder neue Mondzyklus profitiert von einer gereiften, erfahreneren Version Ihrer selbst. Versinken Sie also in diesem Moment der Reflexion und lernen Sie sich selbst noch einmal besser kennen.

SCHUTZ, KRAFT, FREUDE UND GELASSENHEIT

Obsidian unterstützt und puffert mit seiner schützenden Energie. Verwenden Sie ihn bei abnehmendem Dreiviertelmond, um die Vergangenheit loszulassen und sich in der Erfahrung des Augenblicks sicher zu fühlen. Die reinigenden Schwingungen des Obsidians können Ihnen helfen, Gedankenmuster zu entschlacken und eine neue Perspektive einzunehmen. Nutzen Sie seine klärende Energie, um Ihre Situation objektiv und gelassen zu betrachten.

Tigerauge gibt Ihnen Mut und Kraft, wenn Sie Ihren bisherigen Weg bewerten und Verbesserungen planen.

Citrin schenkt Freude und Optimismus, sodass Sie Ihre Leistung positiv durch eine rosa Brille sehen können.

Celestit schenkt beim Abstieg vom Gipfel des Vollmonds innere Ruhe.

Ritual bei abnehmendem Dreiviertelmond

Setzen Sie sich mit einem Tee, Wasser oder einem anderen Getränk und Ihrem Kristall einen Moment in Ruhe hin. Beschäftigen Sie sich noch einmal mit Ihrer Absicht und Ihrer Dankbarkeitsliste.

LOSLASSEN

Loslassen ist nötig, um Platz für Neues zu schaffen. Im letzten Viertel dürfen die Blätter fallen und die verwelkenden Pflanzen sich in den Boden zurückziehen. Ein Baum wirft seine Blätter ab, um Ressourcen zu sparen. Überlegen Sie, was Sie loslassen wollen, um Ihre Energie anderweitig einsetzen zu können. Gibt es jemanden, dem Sie verzeihen müssen? Müssen Sie Erwartungen reduzieren und etwas in Ihrem Leben hinnehmen? Trennen Sie sich von Vergangenem und überholten Denkmustern. Vielleicht räumen Sie Ihren Kleiderschrank auf, geben Fehler zu, sind wirklich ehrlich zu sich selbst oder verzeihen sich und anderen. Bemühen Sie sich im letzten Viertel, alle Emotionen und Ideen loszulassen, die nur unnötig Energie verbrauchen.

Rosenquarz wirkt wie Balsam für die Seele und hilft, sich selbst und anderen zu verzeihen. Wenn Sie im letzten Viertel Erwartungen loslassen und Ihre momentane Realität akzeptieren, brauchen Sie eine beruhigende Unterstützung, die hilft, sich mitfühlend zu öffnen. Rosenquarz ermutigt mit seiner spielerischen, liebevollen Schwingung, die Situation anzunehmen und nach vorn zu schauen.

Rutilquarz unterstützt Sie bei der Umsetzung Ihrer Pläne, während Sie das Gelernte überprüfen und die nächsten Schritte planen.

Rauchquarz bietet Erdung, Schutz und Unterstützung bei der Entscheidung über Gedanken und Gefühle, die Sie gern loslassen möchten.

Amethyst hilft, alte Denkmuster abzulegen und neuen Möglichkeiten eine Chance zu geben.

LIEBE, UNTERSTÜTZUNG, ERDUNG UND BEHUTSAME SELBSTREFLEXION

Ritual zum letzten Viertel

Lassen Sie sich ein Bad ein und legen Sie einen ungiftigen, wasserfesten Kristall (z. B. Quarz oder Amethyst) ins Wasser. Wiederholen Sie folgende Affirmationen: »Ich schaffe Raum für Klarheit« und »Ich lasse die Vergangenheit los«.

STILLE UND AUSRUHEN

Im metaphorischen Garten herrscht Winterruhe, und auch Sie sollten sich nach innen wenden und alle Systeme runterfahren. Diese Stille hat Ihren Wert: Indem Sie Ihrer inneren Landschaft erlauben, ohne Wertung zu existieren, würdigen Sie, wer Sie hier und jetzt sind. Die Verlangsamung aller Prozesse kann Ihnen auch helfen, Ihre Werte und Ihre emotionale Wahrheit zu entdecken – die vielleicht nicht so offensichtlich sind, wenn Sie geschäftig umherrennen. Zudem hilft Ihnen die Ruhephase, Energie für den nächsten Zyklus zu sammeln. Entschleunigen Sie bewusst, bis Sie im Moment ankommen. Sobald der nächste Mondzyklus beginnt, wird noch genügend Zeit für neue Pläne und Träume sein.

BEZUG ZUR NATUR, REINIGUNG, RUHE UND REFLEXION

Serpentin kann helfen, ein Tor zur inneren Stille und zur tiefen Verbundenheit mit dem Universum zu öffnen. Wenn Sie dieses Mineral zur Meditation bei abnehmendem Sichelmond verwenden, werden Sie leichter erkennen, dass Sie sich gerade um nichts und niemanden aktiv kümmern müssen. Lassen Sie sich treiben, es ist für alles gesorgt. Sie werden wissen, wann die Zeit zum Handeln wieder gekommen ist.

Selenit kann mit seiner reinigenden Energie dabei helfen, den vergangenen Zyklus zu den Akten zu legen und sich auf den nächsten vorzubereiten.

Howlith beruhigt den Geist und bringt den inneren Kritiker zum Schweigen.

Aquamarin hilft dabei, einen meditativen Zustand zu erreichen, in dem Sie Ihre innere Stille gut hören können.

Ritual bei abnehmendem Sichelmond

Führen Sie eine Meditation eigener Wahl durch. Halten Sie dabei Ihren Kristall entweder in den Händen, legen Sie ihn auf den Körper oder in Ihre Nähe.

RÜCKLÄUFIGER
MERKUR

Der rückläufige Merkur ist ein interessantes Phänomen. Bekannt ist, dass er Technologie- und Kommunikations- probleme verursacht. Aber er lädt auch ein, innezuhalten und neu zu bewerten, wo Sie stehen und wohin Sie gehen wollen. Rekapitulieren Sie Ihre Pläne und Ziele.

Der Merkur symbolisiert Verbindung, Kommunikation und Technologie. Er steht für den Teil von Ihnen, der lernt, denkt, lehrt und spricht.

Merkur umkreist die Sonne etwa viermal so schnell wie die Erde. Jedes Mal, wenn er die Erde passiert, entsteht durch eine optische Täuschung der Eindruck, er bewege sich rückwärts. Diese scheinbare Rückläufigkeit ist eine gute Gelegenheit, selbst langsamer zu werden. Überprüfen Sie Ihre Gedanken und Entscheidungen der letzten Monate noch einmal. Wenden Sie sich nach innen, beobachten Sie und lassen Sie sich von Ihrer Intuition leiten.

Der rückläufige Merkur tritt etwa dreimal im Jahr auf und dauert jedes Mal etwa drei Wochen. Nutzen Sie diese Phasen, um mit sich selbst ins Reine zu kommen. Haben Sie zuletzt ein unangenehmes Gespräch vor sich hergescho- ben? Machen Sie sich in Bezug auf Beruf, Geld oder Bezie- hungen möglicherweise etwas vor? Beachten Sie die Signale Ihres Körpers? Was könnte Ihnen helfen, sich sicherer und besser unterstützt zu fühlen?

Während der Rückläufigkeit des Merkurs kommen unterschwellige Probleme an die Oberfläche. Es ist ratsam, während dieser Zeit besonders klar zu kommunizieren und mit dem Beginn neuer Projekte oder der Unterzeichnung von Verträgen zu warten, bis die rückläufige Phase beendet ist. Aber es ist auch eine ausgezeichnete Zeit, um dort anzu- knüpfen, wo man zuletzt aufgehört hat – um zu überden- ken, neu zu konzipieren und zu überprüfen.

KRISTALLRITUALE
BEI RÜCKLÄUFIGEM
MERKUR

Die Energie von Heilsteinen kann Ihnen in
Phasen des rückläufigen Merkurs helfen, Ihren viel
beschäftigten Verstand zu verlangsamen und sich
mehr auf Ihre Intuition einzustellen. Wenn Sie
Ihre Gedanken überprüfen, werden die folgenden
Kristalle Ihre Intuition und Klarheit verstärken.

KLARE EINSICHT

Pietersit Verwenden Sie diesen gesprenkelten Stein für klare Einsicht, gepaart mit fester Entschlossenheit.

KREATIVES DENKEN

Citrin Der Heilstein regt die Fantasie an und hilft Ihnen so, sich vorzustellen, wie Sie Handlungsmuster oder Situationen verändern möchten.

KLARHEIT UND KOMMUNIKATION

Aquamarin Dieser Stein beruhigt den Geist und stärkt gleichzeitig die Fähigkeit zu klarer Kommunikation.

Ritual zu Beginn des rückläufigen Merkurs

Um die Themen, die Sie besonders beschäftigen, kritisch zu überprüfen, schreiben Sie die folgende Aufforderung in Ihr Tagebuch: »Was muss ich sehen, was ich noch nicht sehe, wenn es um mein ... geht?« Schenken Sie sich dabei viel Dankbarkeit und rufen Sie den von Ihnen gewählten Kristall an, um Verständnis und Klarheit zu schaffen. Wenn Sie damit fertig sind, schreiben Sie drei Erkenntnisse auf ein Blatt Papier und legen Ihren Heilstein für den Rest der Rückläufigkeit darauf. Nutzen Sie seine Kraft und lassen Sie Ihr Unterbewusstsein die Feinheiten dieser Gedanken und Fragen in den kommenden Wochen weiter erforschen.

Ritual am Ende des rückläufigen Merkurs

Fassen Sie am Ende der Rückläufigkeit den Plan, das zu integrieren, was Sie in den vergangenen Tagen gelernt haben. Nehmen Sie Ihre Notiz und Ihren Stein wieder zur Hand. Was hat sich inzwischen für Sie ergeben oder verändert? Hat sich eine neue Erkenntnis, eine neue Einstellung oder ein neues Interesse gezeigt? Gibt es eine Absicht (siehe Seite 22) oder eine Affirmation, die sich aus dieser Selbsterforschung ergeben könnte? Falls ja, schreiben Sie sie auf. Schauen Sie in einen Spiegel und wiederholen Sie die Absicht oder Affirmation dreimal, während Sie Ihren Heilstein halten. Danach danken Sie ihm und sich selbst. Wiederholen Sie dieses Ritual in den nächsten zwei Wochen täglich.

SCHLUSSWORT

———◆———

Dieses Buch hat Sie tief unter die (Erd-) Oberfläche geführt, durch die metaphorischen Sphären der Steine, Kristalle, Mineralien und ihrer Symbolik. Sie haben etwas über die Gestirne erfahren, die zu Ihrer Geburtsstunde am Himmel standen und seitdem Ihr Leben beeinflussen. Indem Sie die Kräfte der Sterne mit denen der Heilsteine verbinden, erhalten Sie nützliche Werkzeuge für Ihre individuelle Lebensreise.

Im zweiten Teil haben Sie Heilsteine kennengelernt, die zu Ihren astrologischen Gegebenheiten passen. Dieser Teil enthielt Einsichten für den Wassermann als Ihr Sonnenzeichen, als Mondzeichen und als Aszendent. Außerdem haben Sie erfahren, welche Kristalle Sie in fünf wichtigen Bereichen des Lebens unterstützen können.

Das Leben ist ständiger Veränderung unterworfen. Im dritten Teil des Buchs haben Sie gelernt, wie Sie der Energie der Sonne auf ihrer jährlichen Reise durch den Tierkreis folgen können und welche Kristalle Ihnen helfen können, das Thema jeder astrologischen Phase herauszuarbeiten.

Im vierten Teil ging es darum, wie sich das Auf und Ab des Mondzyklus mit den Energien von Heilsteinen kombinieren lässt. Außerdem konnten Sie einüben, die Kraft der Kristalle in Verbindung mit dem rückläufigen Merkur zu nutzen, um drei- bis viermal jährlich Ihr Denken zu überprüfen.

Die Antworten auf alle großen Fragen tragen Sie bereits in sich. Wenn Sie einen Stein wählen, erwecken Sie seine Schwingung auch in sich selbst. Nutzen Sie das Gelesene, um wahrzunehmen, was bereits in Ihnen existiert. Alles, was Sie brauchen, ist vorhanden.

Mit den Sternen am Himmel und den Kristallen aus der Erde sind Sie immer verbunden und getragen. Gemeinsam können die Steine und die Sterne Ihre Selbsterkenntnis und Ihr Selbstvertrauen stärken, während Sie Ihre Lebensreise fortsetzen.

———◆———

Heilsteine und Astrologie können keine medizinische
Beratung, Diagnose oder Behandlung ersetzen.
Wenden Sie sich im Krankheitsfall immer an Ihren Arzt.

WEITERE INFORMATIONEN

HOMEPAGE DER AUTORIN

https://www.sandysitron.com/crystals

HEILSTEINE KAUFEN

https://heilsteinparadies.de/
https://www.heilsteinwelt.de/
https://www.heilstein-edelstein.de/
https://www.heil-edelstein-shop.com/

AUDIO-CD

Anja Tochtermann, *Herzöffnung – Heilsame Botschaften der Kristalle*, 2017

WEITERFÜHRENDE LITERATUR

Viktor Archuleta, *Chakras für Einsteiger*, München 2021

Deepak Chopra, *Meditationen und Affirmationen*, München 2021

Cerridwen Greenleaf, *Das Buch der magischen Sprüche*, München 2020

Gerhard Gutzmann, *Das große Lexikon der Heilsteine, Düfte und Kräuter*, Ahlerstedt 2021

Jenni Kosarin, *Traumdeutung*, München 2018

Aljoscha Long, Ronald Schweppe, *55 Achtsamkeitsimpulse für dich*, München 2020

Konstanze Quirmbach, *Ich bin da. Affirmationskarten*, Schlangenbad 2011

Mya Spalter, *Witchcraft. Das Hexen-Handbuch für ein magisches Leben: Orakel, Kräutermagie, Schutzrituale & Heilsteine*, München 2019

Kurt Tepperwein, *Heile dein inneres Kind*, München 2020

Klausbernd Vollmar, *Das große Praxisbuch der Traumdeutung*, München 2011

REGISTER DER HEILSTEINE

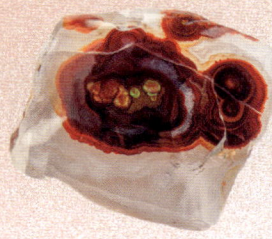

Laurence King Verlag GmbH
Jablonskistraße 27, 10405 Berlin
www.laurencekingverlag.de

Erstmals erschienen bei Laurence King Publishing in Großbritannien 2022

Laurence King Publishing ist ein Imprint von
The Orion Publishing Group Ltd
Carmelite House, 50 Victoria Embankment
London EC4Y 0DZ

Ein Unternehmen von Hachette UK

Für die deutsche Ausgabe
Übersetzung: Wiebke Krabbe, Damlos
Lektorat und Satz: lesezeichen Verlagsdienste, Köln
Projektleitung: hauffe publishing, Dortmund

ISBN: 978-3-96244-267-5

1. Auflage 2022
Gedruckt in China bei C&C Offset Printing Co. Ltd

Laurence King Publishing setzt sich für eine ethische und nachhaltige
Produktion ein. Wir sind stolzes Mitglied des Book Chain Project ®.
Bookchainproject.com

www.laurenceking.com
www.orionbooks.co.uk